T0034657

INTRODUCCIÓN A LA

PSICOLOGÍA
JUNGUIANA

Robin Robertson

INTRODUCCIÓN A LA

PSICOLOGÍA
JUNGUIANA

EDICIONES OBELISCO

Si este libro le ha interesado y desea que le mantengamos informado
de nuestras publicaciones, escríbanos indicándonos qué temas son de su interés
(Astrología, Autoayuda, Ciencias Ocultas, Artes Marciales, Naturismo,
Espiritualidad, Tradición...) y gustosamente le complaceremos.

Puede consultar nuestro catálogo en www.edicionesobelisco.com

Colección Psicología
INTRODUCCIÓN A LA PSICOLOGÍA JUNGUIANA
Robin Robertson

1ª edición: noviembre de 2002
5.ª edición: diciembre de 2023

Título original: *Beginner's guide to Jungian Psychology*

Traducción: *Montserrat Ribas*
Maquetación: *Marta Rovira*
Diseño cubierta: *Enrique Iborra*

© 1992, Robin Robertson
(Reservados los derechos)
Publicado por acuerdo con Nicolas-Hays Inc., York Beach, Maine, USA.
© 2002, Ediciones Obelisco, S.L.,
(Reservados los derechos para la presente edición)

Edita: Ediciones Obelisco, S. L.
Collita, 23-25. Pol. Ind. Molí de la Bastida
08191 Rubí - Barcelona - España
Tel. 93 309 85 25 - Fax 93 309 85 23
E-mail: info@edicionesobelisco.com

ISBN: 978-84-1172-079-3
Depósito legal: B-34.444-2011

Printed in Spain

Impreso en España en los talleres de Romanyà/Valls S.A.
Verdaguer, l. 08786 Capellades (Barcelona)

Reservados todos los derechos. Ninguna parte de esta publicación,
incluido el diseño de la cubierta, puede ser reproducida, almacenada, transmitida
o utilizada en manera alguna por ningún medio, ya sea electrónico, químico,
mecánico, óptico, de grabación o electrográfico, sin el previo consentimiento
por escrito del editor. Diríjase a CEDRO (Centro Español de Derechos
Reprográficos, www.cedro.org) si necesita fotocopiar o escanear
algún fragmento de esta obra.

AGRADECIMIENTOS

Mi más sincero agradecimiento a ERNEST LAWRENCE ROSSI, cuya valoración de mi obra temprana me hizo dar cuenta de que mis apreciaciones algo idiosincráticas de la psicología de Jung podían ser de utilidad para otras personas. En esa primera época, Ernie muchas veces comprendía lo que estaba intentando decir antes de que yo mismo me diera cuenta. Su propia convicción de que no existía dicotomía entre los aspectos científicos y espirituales de la obra de Jung me ayudó a reforzar mi propia convicción similar. Sin su entusiasmo, apoyo y desafío intelectual, dudo que hubiera tenido el valor para encontrar mi propia voz.

También quisiera agradecer la ayuda que tanto RICHARD MESSER como JAMES HOLLIS me ofrecieron al revisar meticulosamente las primeras versiones de este libro y sugerir algunos cambios. Sin su amistosa crítica la calidad del producto habría sido muy inferior.

Asimismo me gustaría reconocer las siguientes fuentes utilizadas para las citas introductorias de cada capítulo:

CARL JUNG: *The Collected Works of C.G. Jung*, trad. de R.F.C. Hull, Bollingen Series XX, Princeton, Princeton University Press:

> VOL. 6: *Psychological Types*, copyright 1971, pág. 558.
> VOL. 8: *The Structure and Dynamics of the Psyche*, 1960, 1969, pág. 111.
> VOL. 17: *The Development of Personality*, 1954, pág. 331b.
> VOL. 17: pág. 338.
> VOL. 18: *The Symbolic Life*, 1980, pág. 13.
> VOL. 18: pág. 14.

ROBIN ROBERTSON: *C.G. Jung and the Archetypes of the Collective Unconscious*, Nueva York, Peter Lang, 1987, pág. 138.

Para las ilustraciones que aparecen en este libro utilicé las siguientes fuentes: *Dorés Spot Illustrations*, seleccionadas por C.B. Grafton, Dover Pictorial Archive Series, Nueva York, Dover Publicacions, 1987, figuras 1, 10, 20; *Magic, Supernaturalism and Religion*, de Kurt Seligman, Nueva York, Pantheon Books, 1948, figura 2; *Witchcraft, Magic & Alchemy*, de Grillot de Givry, Nueva York, Dover Publications, 1971, figura 4; *1001 Spot Illustrations of the Lively Twenties*, comp. C.B. Grafton, Nueva York, Dover Pictorial Archive Series, Dover Publications, 1986, figuras 9, 12, 15: *William Morris: Ornamentation & Illustrations from the Kelmscott Chaucer*, Nueva York, Dover Pictorial Archive Series, Dover Publications, 1973, figura 11; *Pictorial Archive of Decorative Renaissance Woodcuts*, comp. Jost Amman, Nueva York, Dover Pictorial Archive Series, Dover Publications, 1968, figuras 13, 14, 16; *Humorous Victorian Spot Illustrations*, comp. C.B. Grafton, Nueva York, Dover Pictorial Archive Series, Dover Publications, 1985, figura 17.

Capítulo 1

JUNG Y EL INCONSCIENTE

«Todo avance en la cultura es, psicológicamente, una ampliación de la conciencia, alcanzar un nivel de conciencia que sólo puede tener lugar mediante la discriminación.»

CARL JUNG

Este libro trata sobre la psicología de Carl Gustav Jung (primera mitad del siglo XX) y su relevancia para todos nosotros al pasar al nuevo siglo XXI. Jung fue un pensador original cuyas ideas todavía son en gran parte desconocidas o mal comprendidas. No siempre estaba en lo cierto; los pioneros raramente lo están. Su visión de la realidad era tan diferente de la opinión prevaleciente que muchas veces ha sido difícil para otros psicólogos comprender lo que realmente quería decir.

A todo ello hay que añadir por un lado un estilo de escritura demasiado literario para sus colegas académicos y por otro demasiado erudito para sus admiradores literarios. Artistas y escritores han luchado por abrirse camino y han llegado a una mejor comprensión de la esencia de Jung que los mismos académicos, pero muchas veces han generalizado de manera demasiado rápida, incapaces de tratar con la amplitud y profundidad de la mente de Jung.

En este libro intentaré presentar un cuadro unificado del pensamiento de Jung, quizá más unificado incluso de lo que se puede ver en la recopilación de sus escritos, pero creo que es una presentación justa de sus ideas. Mi énfasis recaerá sobre la utilidad práctica de sus ideas, puesto que muchas veces se le ha descartado por poco práctico y realista. Pero en primer lugar quiero dar una breve idea del tipo de hombre que fue Jung, de cómo y por qué llegó a desarrollar la cosmovisión más original del siglo XX.

JUNG Y FREUD

Al igual que Sigmund Freud, su mentor incluso más famoso que él, Jung fue un médico que se convirtió en uno de los primeros pioneros de la nueva disciplina del psicoanálisis. Aunque era psicólogo clínico, Jung también realizó una labor pionera en psicología experimental que más tarde llevó a la invención del detector de mentiras (cuya mala utilización le habría horrorizado). No obstante, al principio Jung atrajo el interés de Freud por su temprano concepto de complejo (es decir, sentimientos, imágenes y recuerdos tan apiñados alrededor de un único concepto, por ejemplo «la madre», que forman un todo en la mente). Hablaremos un poco más sobre los complejos en el capítulo 2. Freud tenía diecinueve años más que Jung y ya había realizado parte de su obra más importante. El psicoanálisis todavía era prácticamente desconocido y las comunidades médica y científica o bien ignoraban o criticaban a Freud.

No podríamos imaginar una situación más perfecta para que Jung idealizara a Freud, ni para que Freud «adoptara» a un discípulo elegido. En 1906, Jung conoció a Freud y al poco tiempo se convirtió en su colega favorito y después en su sucesor designado. Desafortunadamente para los planes de Freud, Jung no tenía madera para ser el discípulo de nadie. Freud y Jung eran tipos de persona muy diferentes que veían el mundo de maneras muy diferentes (como ya veremos cuando tratemos de la teoría junguiana de los tipos psicológicos en el capítulo 4).

Freud tenía 50 años y creía que ya había descubierto las ideas básicas que describían la estructura y dinámica de la psique humana. (Psique es la palabra que Jung utilizó para describir la totalidad de nuestros procesos psicológicos. Parece una mejor elección que cerebro o mente, puesto que no se limita a –o se separa de– lo físico.) Freud quería seguidores que pudieran tomar sus ideas y desarrollar sus consecuencias. Aunque Jung admiraba a Freud, y a pesar de que muchas de sus ideas fueran útiles, él creía que la psique humana era mucho más compleja de lo que Freud proponía. Mientras que las teorías de Freud se fueron cristalizando y convirtiendo en dogma, Jung siguió sus propios dictados con sus pacientes hasta donde éstos pudieran llevarle. Y lo llevaron a lugares que no encajaban con la teoría de Freud.

SÍMBOLOS DE TRANSFORMACIÓN

Por ejemplo, el concepto freudiano del complejo de Edipo causó una profunda impresión en Jung, pero él veía algo diferente a lo que Freud proponía. Para explicarlo brevemente, Freud sostenía que el tabú del incesto subyace en las profundidades de cada uno de nosotros. Como es ubicuo, era inevitable que encontrara un canal de expresión en nuestros mitos y literatura; Freud opinaba que había encontrado su expresión perfecta en el mito de Edipo, que sin saberlo mató a su padre Layo y se casó con su madre Yocasta. Cuando Edipo y Yocasta finalmente descubrieron la verdad, Yocasta se suicidó y Edipo se arrancó los ojos. Freud sostiene que este conflicto es primigenio y que se repite una y otra vez en nuestra existencia, especialmente en la vida de los niños entre los 4 y los 5 años. A esa edad (según Freud), aman a sus madres intensamente y odian a sus padres.

Freud convirtió el complejo de Edipo en la piedra angular de su teoría; era el elemento psíquico aislado más significativo subyacente en el desarrollo masculino. Jung vio algo mucho más sugerente en el descubrimiento de Freud: la idea de que todos los antiguos mitos siguen vivos en nuestro interior. En el caso de la historia de Edipo, mientras que Freud veía en ella una descripción apta para todo desarrollo psíquico, Jung vio sólo un ejemplo de una multitud de invariantes psíquicas que todos llevamos dentro.

11

El legendario matemático griego Arquímedes fue uno de esos raros individuos: un teórico que pudo llevar sus teorías a un uso práctico. Utilizaba relaciones matemáticas para desarrollar ingeniosas combinaciones de poleas y palancas, que utilizaba para mover objetos de enorme tamaño. Existe una historia apócrifa que dice que, eufórico por su triunfo, Arquímedes exclamó: «¡Dadme un punto de apoyo y moveré el mundo!»

Igual que Arquímedes, Jung se dio cuenta de que Freud había descubierto un ejemplo único de cómo la psicología se podía escapar de la historia personal y convertirse en la historia de la raza humana, ya que estaba escrita en la mitología. Este enfoque histórico ofreció tanto un punto de apoyo, situado fuera del paciente, como una palanca para mover la psique del mismo. Jung inmediatamente empezó a seguir esta apasionante nueva dirección en psicología.

En 1912 Jung publicó los primeros frutos de su investigación bajo el título de *Transformations and Symbols of the Libido* (más adelante reescrito en gran parte y publicado como *Symbols of Transformation* en 1952). Este libro proponía la idea herética de que la libido no era meramente energía sexual, sino energía psíquica, y que la imagen de un sueño era mucho más que un simple acertijo que podía ser descodificado y revelar un deseo sexual prohibido. En una deslumbrante exhibición de erudito trabajo detectivesco, Jung se volcó sobre todo el campo de la mitología para ampliar las fantasías de una sola mujer que se encontraba en la fase incipiente de una esquizofrenia. (La mujer, descrita como «la señorita Frank Miller», era paciente de Theodore Flournoy, que había publicado las fantasías de ella en 1906.)

Allí donde Freud «reducía» la fantasía e imágenes oníricas a una única referencia mitológica (el complejo de Edipo), Jung «ampliaba» las imágenes de sus fantasías mostrando paralelismos a través de las diversas mitologías de muchas culturas y épocas. A medida que se desplegaban las fantasías, pudo mostrar un patrón emergente que conducía inevitablemente hacia una escisión de la psique: la esquizofrenia.

¿Cómo podían las imágenes de las fantasías de una mujer de nuestra época repetir temas de mitos de miles de años de antigüedad, mitos que la mujer jamás había leído? Nuestro mundo actual cree que todos somos una página en blanco, sobre la cual la experiencia escribe sus historias. Quizá todo estaba en la imaginación de Jung. Quizá su análisis no era más que una astuta ficción. ¿Acaso Jung tenía razón al relacionar sus fantasías con los patrones mitológicos que él podía interpretar como las diversas etapas que conducen a la esquizo-frenia?

Pues sí, tenía razon. Cuando, algo más adelante, Jung expuso sus conclusiones a Flournoy, éste confirmó que el curso de la enferme-dad de la mujer encajaba muy de cerca con el patrón que Jung des-cribía. Es difícil explicar cómo eso pudo ocurrir a menos que exis-tan unos cimientos colectivos para la psique, de donde proceden las imágenes de los mitos, de los sueños y de las fantasías.

Eso resultaba excesivo para Freud, que pronto rompió su relación con Jung. Los freudianos normalmente se han puesto del lado de Freud cuando hablan de esta ruptura, y los junguianos del lado de Jung. Pero probablemente era inevitable que se separa-ran, porque veían el mundo desde prismas diferentes. Al igual que muchos otros padres e hijos (porque esto es lo que Freud y Jung eran en esencia), Freud se sintió traicionado por Jung y Jung se sin-tió abandonado por Freud. Existe una cierta validez en ambas opi-niones. Con su insistencia en una independencia total de las reglas convencionales, Jung habría sido un hijo difícil para que cualquier padre le hubiera podido tolerar. Con sus fuertes (y en ocasiones rígidas) opiniones sobre la naturaleza de la psique, Freud era un padre imposible para que cualquier hijo pudiera tolerarle. (Prácticamente todos sus «hijos» psicoanalíticos lo abandonaron, uno detrás de otro, empezando por Adler).

Pero comprensible o no, fue una amarga medicina que Jung se tuvo que tragar. Durante el resto de su vida, Jung se vio forzado a seguir un sendero solitario en su exploración de este fundamento colectivo que subyace a la conciencia individual. El libro que están a punto de leer trata del descubrimiento y exploración por parte de Carl Jung del «inconsciente como psique objetiva y colectiva», que más tarde denominó simplemente el «inconsciente colectivo.» Lo llamó «colectivo» porque consiste en imágenes y patrones de con-ducta que no han sido adquiridos por un individuo durante su tiempo de vida, y que sin embargo son de fácil acceso para todos los individuos de todas las épocas; «inconsciente» porque no se puede llegar a él a través del consciente.

LOS MITOS EN NUESTRA VIDA

Los científicos y académicos siempre se han mofado del concepto de un inconsciente colectivo. Ellos «saben» que es imposible que las personas tengan algún recuerdo que no fuera adquirido en esta vida. Parece una idea muy extraña para aquellos de nosotros educados en estos tiempos supuestamente racionales. En una época en que vamos de aquí para allá en una vana búsqueda de unos valores espirituales que están ausentes, pretendemos que el espíritu sea algo que se pueda reducir a la mente. En una época en que vivimos cada vez más en la mente, aislados del mundo natural que nos rodea, pretendemos que la mente a su vez se pueda reducir al cerebro. Estamos convencidos de que existe una explicación material para todo. Cualquier otra descripción de la realidad es descartada como superstición primitiva.

Pero precisamente debido a este materialismo vivimos aislados y alienados unos de otros. La soledad y la desesperación se han convertido en el estado normal de nuestra avanzada civilización occidental. Encerrados en nuestro interior, anhelamos desesperadamente alguna sensación de conexión: con nuestro trabajo, con nuestra religión, con otra persona, con el mundo que nos rodea, con nosotros mismos.

La psicología junguiana ofrece una salida a este callejón sin salida. No es una respuesta total, pero ofrece la posibilidad de una nueva manera de ver el mundo. Como contraste con el frío e impersonal mundo mecanicista del materialismo, Jung describe un mundo cálido, personal y orgánico en el que cada persona está conectada con todos y cada uno de los demás seres humanos, donde todos estamos contectados con todos los aspectos del universo. Pero donde también cada persona es un individuo único, con un destino único, algo que él llama individuación (es decir, el camino del desarrollo que todos nosotros emprendemos durante el transcurso de nuestra vida).

Al igual que cualquier otra visión global, la opinión de Jung sobre la realidad deja algunas cuestiones sin respuesta. El concepto del inconsciente colectivo abre muchas puertas que anteriormente habían estado cerradas al pensamiento occidental. Tradicionalmente la psicología (junto con la filosofía y la ciencia del siglo XX) ha despachado el tema de las cuestiones molestas limitándose a aquellas que sí puede contestar. Cualquier otra cuestión, en especial las de orden metafísico, se considera un sinsentido (literalmente un «no» sentido, algo que no se puede relacionar con una descripción sensorial). Por desgracia (o afortunadamente, según mi punto de vista) el mundo es más complejo que nuestros sistemas de pensamiento. La psicología de Jung respeta toda la complejidad que cada uno de nosotros experimenta en el mundo. Si bien no es capaz de responder a todas las cuestiones, al menos no niega su existencia.

El concepto junguiano del inconsciente colectivo no es una construcción filosófica ni un dogma religioso; es un intento, aunque ciertamente a veces algo primitivo, de presentar una descripción ajustada del mundo interior de la psique y su relación con el mundo material exterior. Jung descubrió este mundo al explorar minuciosamente los sueños de sus pacientes y relacionarlos después con temas similares que encontraba en los cuentos de hadas, mitología, arte y cultura de todo el mundo.

No se trataba de un ejercicio académico; se volvió hacia la mitología porque ello le ayudaba a comprender y a curar a unos pacientes con problemas reales. Por ejemplo, puede que descubriera un símbolo en el sueño de un paciente que le desconcertaba. Entonces buscaba en la mitología y encontraba un mito donde también aparecía ese símbolo. Puesto que los mitos cuentan historias sobre conflictos humanos, Jung podía comprender el conflicto que el paciente estaba experimentando, y que éste había mantenido oculto, tanto de Jung como de sí mismo. El conflicto reflejado en el mito debería haber tenido poca o ninguna relación con el problema real del paciente. Y sin embargo sí la tenía. Una y otra vez podía verse esa relación (como sigue siendo el caso).

No necesitamos la fe para aceptar la visión de Jung acerca de la realidad; todo lo que necesitamos es el valor para explorar honradamente nuestro propio mundo interior, como hizo el propio Jung. Esta exploración se ve facilitada porque Jung ya la realizó con su propio interior y nos brindó un mapa del terreno. No tenemos que aceptar este mapa mediante un acto de fe. Él siempre pidió que nos acercáramos a la psique como si no supiéramos nada sobre ella. No obstante, si observamos con cuidado lo que vamos descubriendo de nuestra vida interior, veremos que nuestras observaciones encajan muy ajustadamente con el modelo de Jung. Es por esta razón por la que realmente existe el inconsciente colectivo; no se trata sólo de una teoría.

Cuando le vamos quitando a la psique las capas de lo personal, todavía queda algo, algo común a todos los hombres y mujeres de toda época y cultura. Debido a que es literalmente inconsciente, no podemos experimentarlo de manera directa. Igual que los físicos de partículas que observan el rastro dejado por las partículas subatómicas en una campana de iones, tenemos que observar el inconsciente mediante el rastro que deja en nuestros sueños y fantasías. Pero podemos construirnos modelos basados en esas observaciones, modelos que describan (fíjense en la palabra: que describan, no que expliquen) tanto su estructura como su relación dinámica con el consciente.

Antes de embarcarnos en esta travesía, necesitamos saber algo sobre este hombre notable, C.G. Jung, para que podamos comprender mejor cómo pudo realizar sus exclusivos descubrimientos.

LOS LAZOS CON LA NATURALEZA

Carl Jung nació en Kesswil, una región rural de Suiza, en 1875. Su padre fue un pastor protestante que trasladó a la familia a una nueva parroquia cuando Carl tenía 6 meses, y de nuevo cuando tenía 4 años de edad. Ambas parroquias estaban situadas en zonas rurales (aunque la última estaba cerca de la ciudad de Basilea). Jung fue un niño solitario, sin hermanos ni compañeros de juegos, hasta que empezó a ir a la escuela (nació una hermana cuando él tenía 9 años). Alejado de la relación con otros niños, se vio forzado a ir tanto hacia dentro, hacia sus propios recursos, como hacia fuera, hacia la belleza del mundo natural que le rodeaba. Aunque su vida posterior estuvo llena de profundos y significativos amores y amistades, siempre siguió siendo un solitario que creía de manera enfática que el conocimiento debería estar fundamentalmente basado en la observación directa.

En la época de Jung, la Suiza rural todavía vivía en un mundo de montañas y lagos, bosques y campos, que no habían cambiado demasiado en centenares de años. Los suizos se han mantenido políticamente neutrales desde 1515, y sólo desean paz y estabilidad (aunque ese equilibrio se vio alterado durante el reinado de Napoleón). Como pueblo tienen una cualidad impasible y terrenal, arraigada en la abundancia natural que les rodea. Es importante reconocer esta cualidad terrenal suiza en Jung, puesto que tantos han descartado su descripción de la psique como fantasía.[1]

La naturaleza iba a convertirse en fuente de consuelo y alimento para el resto de la vida de Jung. Como adulto, poco después de su matrimonio en 1903, construyó el hogar donde viviría durante el resto de su vida, en Kussnacht, a orillas del lago Zurich. En 1923, tras la muerte de su madre, también se construyó una torre de piedra no lejos de allí, en Bollingen. Desde entonces hasta su fallecimiento en 1961, iba a dividir su tiempo entre vivir con su familia en Kussnacht y un aislamiento primitivo en su torre de Bollingen. Fue añadiendo partes a la torre en 1927, 1931, 1935 y por último poco antes de la muerte de su esposa en 1955. Aprendió cómo extraer y tallar la piedra para poder realizar él mismo gran parte del trabajo de construcción de la torre. Jung describe su relación con la torre y la naturaleza de manera conmovedora en su autobiografía espiritual: *Memories, Dreams, Reflections*.

---

1. La tendencia de Jung a atribuir características a naciones y razas ha levantado las iras de muchos críticos. Confunden esta sincera observación con el prejuicio. ¿Pero acaso no sabemos todos que diferentes culturas tienen características diferentes? Los alemanes y los franceses se han enfrentado a lo largo de la historia tanto por su diferencia en la percepción del mundo como por las luchas territoriales. Decir que una nación tiene ciertas características no es insistir en que todo el mundo las tiene, ni negar la individualidad de nadie. El reconocer que diferentes naciones tienen diferentes personalidades no es distinto de reconocer que diferentes individuos tienen diferentes personalidades.

Es en Bollingen donde me encuentro en medio de mi auténtica vida, donde soy más profundamente yo mismo... A veces siento como si me expandiera por todo el paisaje y el interior de las cosas, y fuera yo el que viviera en cada árbol, en el salpicar de las olas, en las nubes y en los animales que van y vienen, en la sucesión de estaciones. No hay nada en la Torre que no haya crecido y adquirido su propia forma a lo largo de las décadas, nada con lo que yo no esté conectado. Aquí todo tiene su historia, y la mía también; aquí hay espacio para el reino sin espacio de las alejadas regiones del mundo y de la psique.[2]

FUERZAS OCULTAS

A diferencia de los habitantes de la ciudad, las personas que viven en zonas rurales reconocen que el mundo está lleno de fuerzas invisibles. Aquellos que viven en contacto con la naturaleza, observando los ciclos anuales de nacimiento, muerte y renacimiento, conocen el poder oculto tras lo aparentemente común. Así es como describe Wordsworth este sentimiento en «Tintern Abbey»:

> ...Una sensación sublime
> de algo mucho más profundamente mezclado,
> cuya morada es la luz de los soles ponientes,
> el redondo océano y el aire viviente,
> el cielo azul, y en la mente del hombre:
> un movimiento y un espíritu que impulsa
> todas las cosas pensantes,
> todos los objetos de todo pensamiento,
> y se mueve a través de todas las cosas.[3]

---

2. C.G. Jung, *Memories, Dreams, Reflections,* Nueva York, Pantheon Books, 1973, edición revisada, págs. 225-226.
3. Jack Stillinger, comp., William Wordsworth: *Selected Poems and Prefaces,* Boston, Houghton Mifflin Company, 1965, pág. 110.

Ése era también el mundo de Jung. Como contraste, el padre de Jung fue el tipo de pastor que nunca fue capaz de vivir en paz con ese reino espiritual oculto.

Su religión era árida y reseca porque nunca creyó en su propia vocación. Jung no iba a encontrar un padre adecuado hasta que, ya joven, conoció a Freud. Jung se dirigía a su madre para el respaldo espiritual. Fue ella misma quien le introdujo en el mundo de Goethe y su eterna historia de la tentación de Fausto por parte del diablo Mefistófeles. Este relato del conocimiento y del poder oculto en el interior, y los conflictos morales causados por ese conocimiento y poder, iban a fascinar a Jung a lo largo de toda su vida.

Más adelante, como joven estudiante universitario, Jung leyó metódicamente todo lo que pudo encontrar sobre los fenómenos psíquicos. La actitud de Jung hacia estos fenómenos era típica de su actitud hacia otros asuntos similares, de índole supuestamente irracional y supersticiosa, que perduraría toda su vida. Ni aceptaba ciegamente las explicaciones que leía ni las condenaba sin más. En lugar de ello se sentía fascinado por estos extraños acontecimientos e intentaba discutirlos con sus amigos.

Ellos desechaban estos temas, pero Jung sentía que tras su burla se escondía la ansiedad. Se preguntó por qué sus amigos estaban tan seguros de que esas cosas eran imposibles. Y, como el psicólogo que ya empezaba a ser, se preguntaba en igual medida por qué sentían tanta ansiedad al hablar del tema.

En 1902 escribió su primer ensayo científico sobre una serie de sesiones de espiritismo a las cuales asistió. Las llevó a cabo una joven (que por cierto también era prima suya) que durante un tiempo tuvo fama local por sus cualidades mediumnísticas.

Jung se sintió fascinado al comprobar que ocasionalmente los mensajes comunicados en trance por la medium poseían una autoridad e inteligencia mayores de las que la chica parecía tener cuando no estaba en trance. Eso no siempre era así: a veces los mensajes eran simplemente pastiches de información conseguida por su prima en su vida cotidiana y a través de lecturas. Pero era esa otra voz con autoridad la que interesaba realmente a Jung.

PERSONALIDAD NÚMERO 1 Y NÚMERO 2

Jung había tenido anteriormente experiencias personales con el poder oculto en la psique. Cuando tenía 12 años y el padre de un amigo le reprendió por desobediente, Jung reaccionó con una furia inusual. No podía creer la audacia del hombre al atreverse a criticar a alguien tan importante como Jung creía ser. En ese momento, Jung sintió que era un anciano con poder y recursos, alguien que debía ser respetado y obedecido. Casi antes de que el pensamiento hubiera aparecido en su mente, se quedó impresionado por el ridículo contraste entre ese hombre viejo y digno y el escolar que en realidad estaba ante el amigo de su padre. ¿Cómo reconciliar esas dos imágenes tan desiguales?

Se dio cuenta de que contenía dos personalidades diferentes: el joven escolar que el mundo veía y un poderoso anciano que había visto y hecho muchas cosas que el joven todavía tenía que experimentar. Esta personalidad más antigua era muy concreta: Jung se visualizó como un anciano caballero del siglo XVIII, poseedor de riqueza y posición, incluso con «zapatos de hebilla y una peluca blanca.»

Jung continuó experimentando a ese «otro», que él denominó personalidad nº 2 (a diferencia de su personalidad normal, la nº 1) durante toda su vida. Incluso cuando era un muchacho se dio cuenta de que era una parte positiva de su psique, no algo que tuviera que temer porque era una señal de que estaba chiflado. Muchas personas en circunstancias similares habrían considerado al nº 2 como prueba de reencarnación, prueba de que estaban experimentando una vida anterior. Jung nunca pensó en el nº 2 de esta manera. En lugar de ello, Jung creía que el nº 2 era una personificación de otra mitad de su personalidad que normalmente estaba oculta a la conciencia. Más tarde llamó a esa mitad oculta el inconsciente colectivo.

Incluso a una edad más temprana, Jung había encontrado esta personalidad gemela en su madre. Normalmente una mujer gruesa, amable y convencional, muy de vez en cuando tenía atisbos de otra personalidad, una con infinitamente más conocimiento y autoridad. Esta personalidad nº 2 de su madre muchas veces se le aparecía de noche, una personalidad extraña que era más vidente que madre. Jung estaba fascinado y al mismo tiempo atemorizado por esa faceta de su madre, un par de emociones que más adelante se percataría de que caracterizan todos los tratos con el inconsciente colectivo.

Así que ya tenemos la mayor parte del trasfondo básico que iba a conducir a Jung al descubrimiento y exploración del inconsciente colectivo: 1) el buscador solitario de la verdad; 2) la devoción que perduraría a lo largo de toda su vida por la propia naturaleza en lugar de las teorías acerca de la naturaleza; 3) el negarse a desechar experiencias inusuales por razones racionalistas; 4) la experiencia en sí mismo, en su prima y en su madre del increíble y mucho mayor conocimiento y autoridad de la personalidad nº 2.

A lo largo de su carrera, Jung prefirió describir lo que iba encontrando en la psique en lugar de explicarlo. Como muchos otros científicos, y Jung era en gran parte un científico, fue desarrollando «modelos» para poder ofrecer una estructura para los hechos psíquicos que estaba catalogando. No obstante, siempre consideró a estos modelos como provisionales y siempre andaba en busca de otros mejores. El siguiente capítulo describe uno de los modelos de Jung para la estructura básica de la psique, que ilustrará parte de la complejidad de la relación entre consciente e inconsciente. En capítulos posteriores trataremos sobre la opinión que Jung tenía de los sueños, su modelo de los tipos psicológicos y después su modelo principal para el proceso de individuación.

Capítulo 2

LA PSIQUE

La mente consciente además está caracterizada por una cierta estrechez. Puede sostener sólo unos pocos contenidos simultáneos en un momento determinado. El resto es en ese momento inconsciente, y sólo obtenemos un tipo de continuación o una comprensión general o concienciación de un mundo consciente a través de la sucesión de momentos conscientes. Nunca podemos sostener una imagen de totalidad porque nuestro consciente es demasiado estrecho... La zona del inconsciente es enorme y siempre continua, mientras que la zona del consciente es un campo restringido de visión momentánea.

CARL JUNG

Según Jung, el consciente, al parecer el *sine qua non* de la humanidad, es sólo la punta del iceberg. Bajo el consciente subyace un sustrato mucho más grande de recuerdos personales, sentimientos y comportamientos olvidados o reprimidos, que Jung denominó el inconsciente personal. Y debajo de ello yace el profundo océano del inconsciente colectivo, enorme y ancestral, lleno de todas las imágenes y comportamientos que se han ido repitiendo una y mil veces a lo largo de la historia no sólo de la humanidad, sino de la vida misma. Como dijo Jung: «... Cuanto más profundo vamos, más ancha se vuelve la base.»[1]

---

1. Carl Jung, *The Collected Works of C.G. Jung*, trad. R.F.C. Hull, Bollingen Series XX, vol. 5: *Symbols of Transformation*, copyright © 1956, Princeton, Princeton University Press, pág. xxv. Todas las referencias subsiguientes a los *Collected Works* de Jung serán de esta serie y traducción.

Si el modelo de Jung parece un poco difícil de aceptar, recuerde que incluso los hombres y mujeres actuales viven una parte muy pequeña de sus vidas de manera consciente. Nuestros distantes antepasados consiguían vivir y morir con incluso menos conciencia individual. Si nuestros actuales parientes más cercanos, los chimpancés y los grandes simios, son representantes de nuestros antepasados homínidos, tenían cierto grado de autoconciencia, pero ciertamente mucho menor de la que tenemos nosotros. A medida que vamos mirando hacia atrás en el desarrollo evolutivo, hacia los animales menos desarrollados que los chimpancés, los simios y los homínidos, el grado de conciencia se vuelve tan tenue que incluso llega a ser difícil pensar en ella como conciencia. ¿Es consciente una ameba?

El biólogo y filósofo alemán del siglo XIX Ernst Haekel sostenía que «la ontogenia resume la filogenia,» es decir, que el desarrollo de un individuo pasa por los mismos estadios que el desarrollo evolutivo de la especie.[2] Aunque la maravillosa frase de Haekel es un poco exagerada, no obstante es cierto que cada uno de nosotros lleva gran parte del archivo de nuestra historia evolutiva dentro de la estructura del cuerpo. Nuestro sistema alimenticio funciona de manera muy parecida a las criaturas tubulares que nadaban por los océanos primigenios hace más de quinientos millones de años; igual que nuestro sistema alimenticio, eran poco más que un tubo a través del cual los nutrientes podían pasar y ser absorbidos para su uso como alimento. La parte más elemental de nuestro cerebro, la médula espinal, el cerebro posterior y el cerebro medio (que el científico Paul MacLean llama el «chasis neural») no se hubiera sentido fuera de lugar dentro de los peces que nadaban por los océanos hace cuatrocientos millones de años.

En *The Dragons of Eden*,[3] Carl Sagan popularizó el modelo triuno del cerebro de MacLean, que presenta el cerebro que rodea al chasis neural como tres cerebros separados y superpuestos, cada uno

---

2. W.L. Reese, *Dictionary of Philosophy and Religion*, Atlantic Highlands, NJ, Humanities Press, 1980, pág. 206.

3. Carl Sagan, *The Dragons of Eden: Speculations of the Evolution of Human Intelligence*, Nueva York, Ballantine Books, 1977.

representando una fase de la evolución. Procedentes de lo más ancestral hasta lo más reciente, estos tres cerebros se podrían caracterizar por lo siguiente:

1) *El complejo R*, o cerebro reptiliano, que «juega un papel importante en la conducta agresiva, territorialidad, ritual y el establecimiento de jerarquías sociales.»[4] El complejo R probablemente apareció con los primeros reptiles hara unos doscientos cincuenta millones de años;

2) *El sistema límbico* (que incluye la glándula pituitaria), o cerebro mamífero, que principalmente controla nuestras emociones. «Gobierna la conciencia social y las relaciones: pertenencia, cuidado, empatía, compasión y preservación del grupo.»[5] Probablemente surgió no hace más de ciento cincuenta millones de años; y por último:

3) *El neocortex*, el cerebro primate, «está más orientado que los otros hacia los estímulos exteriores.»[6] Controla las funciones cerebrales más elevadas, como el razonamiento, la deliberación y el lenguaje. El neocortex también controla las complejas tareas de percepción, especialmente el control de la visión. De hecho, aunque no existe ninguna sigla que describa ajustadamente su complejidad, llamar al neocortex «cerebro visual» no está muy alejado de la realidad. Aunque probablemente apareció en los mamíferos superiores «hace varias decenas de millones de años... su desarrollo se aceleró en gran manera algunos millones de años atrás, cuando aparecieron los humanos.»[7]

---

4. Sagan, *The Dragons of Eden*, pág. 63.
5. «Gray's Theory Incorporates Earlier Evolutionary Model of »Triune Brain«,» *Brain/Mind Bulletin*, 29 de marzo de 1982, pág. 4.
6. «Gray's Theory», pág. 4.
7. Sagan, *The Dragons of Eden*, pág. 58.

Los períodos de tiempo sobre los cuales cada uno de estos tres cerebros fue el gobernador supremo se pueden considerar también como etapas del desarrollo de la conciencia. La duración relativa del tiempo desde que cada uno de ellos se desarrolló corresponde aproximadamente al control que cada uno de ellos ejerce sobre nuestras vidas (aunque aquí estoy forzando un poco el tema). Así que, con diferencia, el regulador más importante de la vida humana es el chasis neural, que dirige las funciones autónomas de nuestro cuerpo.

Dudo de que pensemos que esas funciones son de alguna manera conscientes. Sin embargo clases enteras de criaturas vivientes viven y mueren y no están más desarrolladas que nuestro chasis neural: insectos, moluscos, peces, etcétera. ¿Se podría decir de alguna manera que son conscientes? Quizá sí. Por ejemplo, el darse cuenta del dolor es un tipo de conciencia, y uno tiene que descender mucho por la escala evolutiva antes de que desaparezca la conciencia del dolor. O pongamos por ejemplo un nivel muy bajo de conciencia: incluso la ameba tiene que reconocer la diferencia entre el alimento que toma y los enemigos de los que huye para así sobrevivir. Aunque ese reconocimiento puede ser totalmente instintivo, esas dos situaciones todavía presentan a la ameba experiencias internas diferentes. Y estas diferencias de experiencia interior son el inicio de la conciencia.

LA CONCIENCIA Y EL CEREBRO TRIUNO

Es cuando pasamos al cerebro evolutivo más antiguo de los tres propuestos por MacLean, el reptiliano, cuando empezamos a encontrarnos con un comportamiento interior más característico de la conciencia. Debido a que la conciencia reptiliana no tiene ningún elemento emocional, correctamente la asociamos a una amoralidad que nos repele. Los reptiles son literalmente seres de sangre fría, un término que utilizamos para referirnos a una persona carente de calidez emocional. Sin embargo gran parte de nuestras vidas siguen estando gobernadas por el cerebro reptiliano; por ejemplo, es este cerebro el que nos impulsa a proteger y expandir nuestro «territorio», un concepto que se ha generalizado entre los seres humanos para significar algo que va más allá de un territorio físico.

Aunque podemos ser inconscientes de la dinámica subyacente de nuestras acciones cuando éstas son impulsadas por el cerebro reptiliano, sí somos conscientes dentro de los parámetros marcados por este cerebro. Cuando es el cerebro reptiliano el que tiene el control, básicamente nos movemos por profundos y ancestrales instintos, pero son instintos sobre los cuales tenemos cierto grado de control, como mínimo el suficiente para adaptarlos a nuestro entorno.

La referencia más famosa del nivel reptiliano de la conciencia en el mundo occidental la encontramos en el relato bíblico de Eva y la serpiente. La serpiente convence a Eva para que coma del fruto del árbol del conocimiento del bien y del mal. Antes de comer la fruta, Adán y Eva viven igual que otros animales, felices en el Paraíso. Tras comer la fruta, la primera reacción de Adán y Eva es de vergüenza por su desnudez. Dios los expulsa del paraíso. En otras palabras, siempre y cuando los hombres y las mujeres sean inconscientes (que es como la Biblia considera a los animales), habitan en el paraíso. En cuanto se vuelven conscientes, la vergüenza aparece y el paraíso se desvanece. Y esta nueva conciencia está representada por la serpiente: el cerebro reptiliano.

FIGURA 1

Las serpientes aparecen en nuestros sueños cuando atravesamos el umbral de un nuevo nivel de percepción, porque nuestra comprensión espiritual más elevada está arraigada en nuestros impulsos instintivos más profundos. (Serpiente, de *Fábulas de La Fontaine*. Reimpresión de Doré's Spot Illustrations.)

La mitología egipcia cuenta otra historia sobre el nacimiento del nivel reptiliano de conciencia. El dios creador, Ra (con rasgos parecidos a Jehová) había envejecido. Su hija, Isis, no podía procrear, así que formó una serpiente con la tierra que tenía a sus pies y la dejó en el camino de Ra. Cuando la saliva de Ra cayó sobre la serpiente, ésta cobró vida y mordió a Ra en el tobillo. Como él no había creado nada que lo pudiera perjudicar así, no sabía qué hacer. Enfermó. Isis dijo que no le podía curar a menos que le revelara su nombre secreto, en el que estaba contenido su poder. Desesperado, Ra le dijo su nombre a Isis. Aunque ella lo utilizó para curarlo, también le pasó el poder a su hermano y esposo Osiris. La era de Ra dio paso a la era de Osiris.

> ... cada paso hacia una conciencia mayor es un tipo de culpa prometeica: a través del conocimiento, los dioses se sienten como si les hubieran robado el fuego, es decir, algo que era propiedad de los poderes inconscientes es arrancado de su contexto natural y subordinado a los caprichos de la mente consciente.[8]

Las serpientes siguen apareciendo en nuestros sueños cuando atravesamos el umbral de una nueva conciencia, que todavía está tan alejada de nuestra conciencia normal que nos hace sentir escalofríos con su sangre fría. Cualquier nueva conciencia de este tipo nos expulsa de nuestro «paraíso» inconsciente anterior.

Cuando el sistema límbico toma el mando y aparecen las emociones, nos despedimos de los reptiles (exceptuando a sus parientes actuales –las aves– que, aunque descienden de los dinosaurios, poseen emociones elementales). La conciencia mamífera nos es familiar; de hecho, como somos animales sociales, vivimos una parte mayor de nuestra vida «consciente» bajo el control del cerebro mamífero que de la conciencia primate determinada por el neocortex. Como especie, hemos tenido tanto tiempo para adaptarnos al control del sistema límbico que nos sentimos cómodos aún cuando es él quien está al mando. Sin el sistema límbico no tendríamos grupos sociales de ningún tipo; el sexo nunca se habría desarrollado hasta llegar al amor; la curiosidad nunca habría pasado a la reverencia religiosa.

---

8. Carl Jung, *The Collected Works*, vol. 7: *Two Essays on Analytical Psychology*, 1953, 1966, Princeton University Press, Princeton, pág. 243n.

FIGURA 2

La diosa egipcia Isis muchas veces es un símbolo de la iniciación a los misterios ocultos, porque Isis obligó a Ra a revelarle su nombre, ocasionando con ello el fin de la Era de Ra y el inicio de la Era de Osiris. (Isis, de *Oedipus Aegyptiacus*, por Athanasius Kircher, 1652).

Con la aparición del neocortex, el cerebro primate, el desarrollo de la conciencia se empieza a acelerar. Una vez aparecen los seres humanos, la evolución biológica da lugar a la evolución cultural. Si éste fuera nuestro propósito, podríamos seguir la historia de nuestro desarrollo, cada vez mejor comprendida, desde los homínidos que vagaban por las sabanas del Norte de África continuando con las tribus de cazadores y recolectores, la humanidad agrícola, y así hasta el ser humano contemporáneo. Pero ello no es pertinente a nuestra exposición del concepto junguiano de los niveles de conciencia. El hecho significativo es que incluso las ciencias físicas demuestran que todavía contenemos una historia de nuestra herencia evolutiva en el cuerpo en general y también dentro de nuestra estructura neurológica. El concepto junguiano del inconsciente colectivo es un reconocimiento de que la historia ancestral todavía tiene una gran influencia sobre nuestras vidas.

No tenemos ningún problema en aceptar que una araña ya sabe cómo tejer una telaraña en el momento de su nacimiento, o de que a muchas variedades de peces, aves y tortugas no se les tiene que enseñar cómo encontrar los distintos lugares a los que irán para aparearse. Tenemos muchos más problemas en aceptar que los humanos también llevamos una rica herencia instintiva en nuestro interior. Pero sería realmente extraño si nuestro cerebro mamífero no nos dijera gran parte de lo que tenemos que aprender sobre el amor y el sexo, si nuestro cerebro reptiliano no nos impulsara a delimitar nuestro propio territorio en la vida.

CONSCIENTE E INCONSCIENTE

El concepto junguiano de los niveles del inconsciente parece menos radical que lo que acabamos de exponer. Quizá Jung podría haber escogido un término mejor que inconsciente; como hemos visto, en realidad estamos hablando de un nivel de conciencia cada vez más tenue a medida que vamos hacia atrás en el tiempo. Realmente no existe una demarcación clara entre los estadios de la conciencia. Pero Jung estaba escribiendo en una época en que el hombre sentía una mayor arrogancia por pertenecer a la especie humana, cuando estábamos encantados con los éxitos conseguidos mediante el intelecto consciente, y Jung quería recalcar que existían otros factores que influían sobre nuestras vidas.

En su trabajo como psicólogos clínicos, Freud y Jung se vieron forzados a enfrentarse a las fuerzas que subyacen al consciente. Sus pacientes mostraban síntomas que reflejaban un conflicto entre los valores conscientes (que representan los valores de familia y cultura), y los deseos instintivos (de los que no se daban cuenta conscientemente). Freud se centró exclusivamente en el instinto sexual, mientras que Jung se dio cuenta de que cada uno de nosotros contiene una infinidad de atávicos comportamientos e imágenes. De acuerdo con ello, Jung decidió separar el consciente del inconsciente en un punto muy avanzado del desarrollo: aquél donde nos damos cuenta de nuestros propios procesos internos.

En términos junguianos, es difícil imaginar cualquier animal no humano (con la posible excepción de los chimpancés, grandes simios y delfines) como consciente. De hecho, en ese estricto sentido de la palabra, la conciencia sólo se ha desarrollado muy recientemente, y todavía controla una parte relativamente pequeña de nuestra vida.

MARSHALL MCLUHAN
Y LA CONCIENCIA DE MASAS

Si, por ejemplo, yo determino el peso de cada piedra de un lecho de guijarros y obtengo un peso medio de cinco onzas, esto no me dice gran cosa sobre la naturaleza real de los guijarros. Cualquiera que pensara, basándose en este hallazgo, que podría coger una piedra de cinco onzas al primer intento, iba a quedar bien decepcionado. De hecho, podría pasar perfectamente que, no importa el tiempo que buscara, nunca llegara a encontrar un único guijarro que pesara exactamente cinco onzas.[9]

---

9 . Carl Jung, *The Collected Works*, vol. 10: *Civilization in Transition*, copyright © 1964, 1970, Princeton, Princeton University Press, pág. 493.

Jung era un científico que creía en la evidencia objetiva. Sin embargo, estaba convencido de que el intento de hacer de la psicología una ciencia estadística estaba descaminado. Las teorías estadísticas describen a la persona media, al hombre o a la mujer que forma parte de una masa, no al individuo. Este tipo de conocimiento estadístico puede ser útil para la física, pero no debería ocupar ningún lugar, o uno muy pequeño, en la psicología. Para Jung, el desarrollo de la conciencia siempre es un esfuerzo heroico por parte del individuo, que se rebela contra el yugo de lo que todo el mundo asume que ya se conoce. Cualquier ampliación de la conciencia de masas se produce por el esfuerzo de muchos individuos de este tipo.

Pero la conciencia por sí misma a veces no es suficiente para avanzar, no importa lo intenso que sea el esfuerzo. Veamos cómo cada uno de nosotros se enfrenta a los problemas en la vida. En primer lugar dirigimos todas nuestras herramientas conscientes tradicionales hacia el problema, confiando en que éste se solucionará, como ha ocurrido anteriormente con muchos otros problemas. Sin embargo, si ninguno de nuestros métodos habituales funciona, y si el problema es lo suficientemente importante para que no podamos hacerlo a un lado, entonces algo nuevo ocurre: nuestra energía emocional es desviada hacia el inconsciente. Allí el tema se va gestando, hasta que a la larga emerge un nuevo enfoque.

La conciencia se desarrolla a saltos, tanto en el individuo como en la especie. En el caso de la especie, mientras nuestro nivel actual de entendimiento parezca adecuado para los problemas a los que nos enfrentamos, no se dan grandes cambios. Pero cuando empiezan a aparecer circunstancias nuevas, la conciencia da un salto. La tradicional evolución darwiniana por selección natural parece que está dando paso a una teoría similar de saltos evolutivos en momentos críticos de la historia.

Quizá la descripción más original de un punto de inflexión como éste en el desarrollo de la autoconciencia proviene no de un psicólogo sino de un catedrático de literatura e intelectual provocador: el difunto Marshall McLuhan. Con la publicación de *La galaxia Gutenberg* en 1962, e incluso más, con *Understanding*

Media en 1964,[10] Marshall McLuhan irrumpió en la escena mundial como ningún otro académico lo había hecho antes –ni después. McLuhan se convirtió en una estrella de los medios de comunicación, y sufrió el destino de todas las estrellas: no fue tenido en cuenta por la gente seria. Después de todo, ¿qué importancia podía tener si tantas personas lo escuchaban? Pero, a pesar de la exagerada publicidad que rodeó a McLuhan, algunas de sus ideas fueron de una asombrosa originalidad y tienen relación con lo que estamos tratando aquí.

En resumen, McLuhan sostenía que la invención realizada por Gutenberg en el siglo XV de los tipos móviles de imprenta cambió la propia conciencia. Antes de que los libros estuvieran a disposición de las masas, el sonido gobernaba el mundo; después, la vista agarró el cetro del poder. McLuhan fue el primero en darse cuenta de la profunda diferencia que existe entre estos dos mundos. Un mundo de sonido no está localizado, todo está a nuestro alrededor. Los sonidos vienen de «aquí» o de «allí» o de cualquier parte. Cada sonido tiene una importancia en sí mismo. McLuhan decía que las primeras palabras fueron ecos de la naturaleza, palabras que imitaban a la naturaleza. Cada palabra tenía vida propia, cada palabra era magia.

En un mundo así, difícilmente podemos desarrollar un sentido del «yo» en oposición a un específico «otro» situado en el mundo. Las personas de personalidad más basada en la audición son más propensas a vivir en un mundo de *participation mystique* con el entorno. *Participation mystique* es un término acuñado por el antropólogo Lucien Levy-Bruhl que Jung utilizó frecuentemente. Describe un estado de conciencia que ambos opinaban era característico de «seres humanos primitivos (?)», en el cual experimentamos pensamientos y sentimientos como si estuvieran fuera de nosotros, de una manera muy similar a los sonidos del mundo físico que están fuera. Aunque el mundo está lleno de significado, no existe una conciencia real, porque todo se mezcla con todo.

---

10. Marshall McLuhan, *The Gutenberg Galaxy*, Toronto, University of Toronto Press, 1962; y *Understanding Media*, Nueva York, Signet Books, 1964.

> Cuanto más limitado es el campo de conciencia de un hombre, más numeroso el contenido psíquico (imagos) que se le presenta como apariciones casi externas, bien en la forma de espíritus o como potencias mágicas proyectadas sobre las personas vivientes (magos, brujas, etc.)... (cuando esto ocurre, incluso los árboles y las piedras hablan)...[11]

Con la alfabetización de las masas, la vista se convirtió en la función predominante, la lectura en la capacidad más poderosa. La mente tiene que procesar las letras para convertirlas en palabras, después las palabras para formar frases, las frases para formar ideas. Al igual que las letras se pueden colocar de maneras diferentes para formar palabras, llegamos a considerar las palabras como unidades intercambiables que conforman la comunicación. Las palabras se desvisten de su misterio. Al cabo de un tiempo, la mente empieza a pensar de esta manera lineal. La mente estructura la realidad en bloques secuenciales de información, igual que las letras de una palabra, como las palabras de una página. Empezamos a pensar en la realidad en términos de secuencias de causa y efecto, cada efecto la causa de otro efecto subsiguiente. El mundo deja de estar vivo, se convierte en máquina.

Sin embargo, y de manera paradójica, esa deshumanización está relacionada con la conciencia. Nos volvemos conscientes de que nuestra propia identidad es algo aparte de todas las «cosas» de nuestro exterior. Mientras los hombres y las mujeres basados en la audición estén ligados mediante una *participation mystique* con su entorno global, serán uno con el trueno y el relámpago, uno con el bisonte que matan o con las ovejas que custodian. Una vez el universo se convierte en algo compuesto por «cosas» separadas, se puede formar un «yo» que no es ninguna de esas cosas.

El mundo que nos rodea (y que también llevamos en nuestro interior) es continuo. No existen límites en la realidad excepto los que ha creado la conciencia. Una montaña es sólo una montaña porque hemos decidido separarla de su entorno. Un animal es sólo una entidad separada porque así lo hemos definido. Si nuestra visión fuera

---

11. Carl Jung, *Collected Works*, vol. 7, pág. 295.

mucho más precisa, podríamos asimismo definir cada célula de la piel como una entidad separada. O si «viéramos» la realidad con un sensor de temperatura, podríamos definir las partes de un animal como totalidades, o quizá un rebaño de animales como un todo. La conciencia es un marco móvil, definido en gran parte por nuestra existencia como seres que perciben, con unas limitaciones sensoriales muy particulares.

La conciencia corta la totalidad del mundo en trocitos pequeños de un tamaño capaz de ser asimilado por nuestros cerebros relativamente primitivos. Pero sea lo que sea lo que aparezca en la conciencia, tiene que empezar como una imagen incipiente en el inconsciente, que sólo lentamente emerge hacia el consciente. Imaginemos la conciencia (en el sentido más amplio de la palabra) como la luz de un proyector de cine. Lo que en la pantalla parece ser una imagen que se mueve, en realidad es una proyección de una serie de fotos individuales. El movimiento que creemos ver en una película es realmente sólo el resultado de nuestras limitaciones sensoriales; es decir, si el intervalo de tiempo entre escenas fijas es lo suficientemente corto, nuestro cerebro piensa que las dos escenas son continuas e interpreta cualquier diferencia entre las dos como movimiento. La conciencia es una luz (ése es el misterio, ¿no?) que proyecta escenas de realidad, cada una de ellas estática por sí misma. Estas escenas pasan por nuestra mente de manera tan rápida que crean la ilusión de movimiento y continuidad.

Por supuesto, la conciencia del yo no empezó en el siglo XV. Siempre hemos poseído algún grado de autoconciencia. Pero McLuhan identificó un punto de inflexión en la historia de la humanidad, un punto en el que empezó la conciencia de masas, y él lo relaciona con el sentido de la vista. Como ya hemos visto, el más reciente de los cerebros propuestos por Paul MacLean, el neocórtex, podría denominarse sin dificultad el cerebro visual, ya que está estrechamente ligado con la visión. ¡Y este cerebro más reciente se remonta ya a tres millones de años!

A medida que la humanidad empezó a depender más y más de la visión, resultó inevitable que algún grado de conciencia (en el sentido junguiano de la palabra) empezara a aparecer. Y realmente ésta dio un salto cuántico para aquellos que sabían leer. Sin embargo, antes de la invención de la imprenta, la conciencia estaba limitada a unos pocos afortunados; la mayoría de hombres y mujeres vivían su

35

vida inconscientemente, igual que cualquier otro animal. En el momento en que existió la imprenta, la conciencia estaba evidentemente preparada para dar otro salto hacia delante, con la imprenta como una conveniente herramienta al servicio de la evolución.

LA TOTALIDAD DE LA MEMORIA

Lo que Freud denominó simplemente el inconsciente, Jung lo llamó el inconsciente personal (para distinguirlo del inconsciente colectivo). El inconsciente personal es por sí solo muy significativo. Parece tener disponible cualquier experiencia de nuestra vida, tanto si estas experiencias llegaron a pasar al consciente como si no. Por ejemplo, en este momento, estoy mecanografiando palabras en un procesador de textos. Soy consciente de las palabras que se encuentran en la pantalla, delante de mí. Normalmente, cuando escribo, esto es prácticamente todo de lo que soy consciente. No oigo el zumbido del ventilador del ordenador (que es bastante alto). No oigo el zumbido más suave del aire acondicionado de la habitación. No soy consciente de cómo se siente mi cuerpo sentado en la silla (hasta que llevo sentado tanto rato que me duele todo). No veo los libros que están a la derecha y a la izquierda del monitor, o la montaña de libros que hay detrás. En resumen, no soy consciente de la mayor parte de sensaciones que constantemente me bombardean.

Sin embargo, mi cuerpo toma nota de todas las demás sensaciones: visiones, sonidos, olores, cambios de temperatura de la piel. Y, al parecer, prácticamente todos son archivados. El psicólogo e hipnoterapeuta Ernest Lawrence Rossi ha resumido una amplia variedad de investigaciones que hablan de manera persuasiva de que nuestras memorias son «dependientes del estado.»[12] Es decir, que no recorda-

---

12. Los lectores deberían consultar el libro de Ernest Lawrence Rossi *The Psychology of Mind-Body Healing*, Nueva York, W.W. Norton, 1986, págs. 36-56 para un resumen de gran parte de las investigaciones realizadas sobre estos temas.

mos trozos aislados de información, sino que recordamos todo el entorno en el cual un evento tuvo lugar. Debido a este hecho, es muy difícil recordar un acontecimiento en un entorno físico muy diferente. No obstante, si volvemos a poner el cuerpo y la mente en un estado similar al que estábamos cuando el evento sucedió en primer lugar, normalmente podemos volver a experimentar ese acontecimiento como si estuviera teniendo lugar ahora mismo.

> Roland Fischer, catedrático de psicología experimental de la facultad de Medicina de la Ohio State University, citó como ejemplo al millonario de la película *Luces de la ciudad* de Charlie Chaplin. Borracho, el millonario adoraba al pequeño pilluelo que le había salvado la vida; sobrio, no lograba recordarle.[13]

El cómo nos las arreglamos para archivar toda esa información ya es otro tema. En los años cuarenta, el neurofisiólogo Karl Lashley buscó en vano los «engramas»: lugares donde se localizaba la memoria. Lashley entrenaba a unas ratas para que aprendieran algún nuevo truco, después destruía partes de su cerebro, amparándose en la teoría de que cuando destruyera la parte donde la memoria estaba almacenada, las ratas ya no sabrían realizar el truco. En lugar de ello, no importa qué parte del cerebro les destruyera, las ratas los seguían realizando. De hecho, llegó a destruir hasta el 80 por ciento del cerebro sin que cesara la capacidad de las ratas de realizar sus trucos.[14]

Su joven colega Karl Pribram dio con una posible respuesta unos años más tarde: él sostenía que gran parte de nuestra memoria queda archivada en todo el cerebro, de manera análoga a como un holograma archiva una imagen tridimensional sobre un trozo de película.[15]

---

13. Marilyn Ferguson, *The Brain Revolution*, Nueva York, Taplinger Publishing Company, 1973, pág. 72.
14. David Loye, *The Sphinx and the Rainbow*, Nueva York, Bantam, 1983, pág. 186.
15. Un holograma es una forma de fotografía muy especial que registra una imagen tridimensional. Tiene la característica única de que cualquier parte del holograma registra la imagen total. Al pasar un láser por cualquier parte del holograma se produce una imagen en el espacio de la figura sólida original.

Pribram dice que nuestros recuerdos de acontecimientos están extendidos de manera similar por todo el cerebro, y que el cerebro registra el acontecimiento completo, es decir, la totalidad de complejas sensaciones que experimentamos en un momento determinado.[16]

No tengo intención de negar que el cerebro está especializado. Existen localizaciones concretas en el córtex cerebral que se especializan en la visión, otras partes en la audición, etc. Pero si se destruye la parte de la visión, la memoria de cómo ver sigue allí; otras partes del cerebro se encargan ahora de las tareas anteriormente realizadas por el especialista. Puede que al principio no les salga muy bien, pero mejoran con el tiempo, a medida que se desarrolla un nuevo especialista. Recuerda a la manera en que podemos cortar la cola de una lagartija y después se va formando una nueva.

Podemos hacer esto porque no estamos grabando visiones y sonidos individuales. En lugar de ello grabamos la totalidad del momento. Al parecer todo el cerebro lo está grabando todo, en todo momento. Si unas partes del cerebro son más eficaces para tratar con los estímulos visuales, entonces es más fácil que esas partes se encarguen de tratar con la memoria visual. Pero ello no significa que esas partes visuales del cerebro no tengan una experiencia total de un acontecimiento dado, visuales o no visuales, a su disposición. Ni tampoco significa que otras partes del cerebro no hayan grabado asimismo el acontecimiento, incluyendo los elementos visuales del hecho. Y, naturalmente, denominar a algo con la palabra «acontecimiento» no es más que una división del tiempo.

---

16. Karl Pribram, «The Brain», en Millennium: *Glimpses into the 21st Century*, comp. Alberto Villoldo y Ken Dychtwald, Los Ángeles, J.P. Tarcher, 1981, págs. 95-103. La principal objeción a la teoría de Pribram del cerebro holográfico ha sido la ausencia de cualquier explicación detallada de cómo eso podría ocurrir. En *The Invention of Memory*, Nueva York, Basic Books, 1988, Israel Rosenfield presenta la teoría del inmunólogo Gerald Edelman, ganador del premio Nobel, del «darwinismo neural», que ofrece una explicación física totalmente diferente del hecho de que la memoria no esté localizada. Pero para nuestro propósito en este libro, el punto esencial de ambas teorías es que presentan la memoria como algo más complejo que un simple almacén con compartimentos, cada uno de ellos con recuerdos diferentes.

Todavía no comprendemos este proceso de manera completa, aunque la neurofisiología es una disciplina en rápida expansión. Es posible que mis comentarios sean una ligera exageración de la situación, pero ciertamente se acercan más a la situación real que cualquiera de las descripciones de la memoria que nos enseñaron en la escuela.

> Varios psicólogos han intentado medir la diferencia entre recuerdo intencional y reconocimiento. En un experimento se dio a los sujetos una lista de cien palabras cinco veces. Cuando les pedían que recordaran la lista, lograban un resultado de aproximadamente el 30 por ciento. Cuando, se pedía a los sujetos que reconocieran las cien palabras mezcladas con otras cien palabras que no habían aparecido en la primera lista, llegaban a acertar 96. Eso todavía deja abierta la posibilidad de que hubieran podido reconocer incluso más, quizá el cien por cien, bajo unas condiciones experimentales más adecuadas.
>
> ... También se vio que la memoria visual es superior a la verbal. En unos tests de diez mil imágenes, los sujetos reconocieron un 99,6 por ciento. Como comentó un investigador: «El reconocimiento de imágenes es esencialmente perfecto.»[17]

Como veremos muchas veces en las siguientes páginas, al parecer la mente no se puede limitar al cerebro. Es muy improbable que el inconsciente colectivo esté de algún modo archivado en todo cerebro individual. Es mucho más probable que el cerebro sea en gran parte un mecanismo comunicador en lugar de un mecanismo archivador.

EL CEREBRO VISTO COMO UN TELEVISOR

Bajo esta perspectiva, el biólogo Rupert Sheldrake ofrece una maravillosa analogía entre los recuerdos del cerebro y los programas de un televisor. Imagínese que está viendo un programa televisivo por pri-

---

17. Peter Russell, *The Brain Book*, Nueva York, Hawthorn Books, 1979, págs. 163-164.

mera vez, sin tener ni idea de lo que es la televisión. Desde un punto de vista más primitivo, podría creer que realmente hay unos seres pequeños en el aparato. Al inspeccionarlo, rápidamente descartaría esa explicación, excesivamente simplista. Se daría cuenta de que había un montón de cosas dentro del televisor. Educados como estamos sobre las maravillas de la ciencia, probablemente decidiríamos que el equipo que hay en el interior del aparato es el que creó la imagen y el sonido. Al ir dando vueltas al mando y obtener diferentes imágenes y sonidos, nos iríamos convenciendo de esta explicación. Si retiráramos un tubo del aparato y la imagen desapareciera, probablemente creeríamos que habíamos demostrado nuestra teoría de manera convincente.[18]

Supongamos que alguien nos dijera lo que realmente ocurre: que los sonidos y las imágenes provienen de un lugar lejano, son transportados por ondas invisibles que de alguna manera se pueden crear en ese lugar lejano, son captadas por nuestro televisor, y transformadas en imágenes y sonidos. Probablemente esta explicación nos parecería ridícula. Como mínimo, parecería desobeder la ley de la navaja de Occam; es decir, es mucho más sencillo creer que las imágenes y sonidos son creados por el televisor que imaginar unas ondas invisibles.

Sin embargo, podríamos estar dispuestos a ser convencidos si nos dijeran algunas cosas más sobre los aparatos de televisión. En primer lugar nos podrían contar que millones de otras personas tenían un televisor como el nuestro y que todos ellos podían hacer las mismas cosas que el nuestro. Eso nos parecería fascinante, pero no haría que abandonáramos nuestra teoría. Después de todo, cada uno de esos aparatos sin duda habría sido fabricado de manera que produjera esas maravillosas imágenes y sonidos. No obstante, ¿cómo podríamos explicar que cada uno del millón de aparatos pudiera recibir el mismo programa al mismo tiempo?

El colofón a eso podría venir si el canal de nuestro televisor estuviera conectado con un programa de noticias donde un reportero nos informara sobre un acontecimiento que estuviera ocurriendo mien-

---

18. Rupert Sheldrake, «Mind, Memory and Archetype,» *Psychological Perspectives*, primavera 1987, págs. 19-20.

tras él o ella estaba hablando. Si pudiéramos ver y oír sobre ese mismo acontecimiento a la vez, probablemente estaríamos más abiertos al concepto de que nuestro televisor no era una unidad de archivo, sino un receptor de información transportada por ondas invisibles.

Pues bien, el inconsciente colectivo contiene información a la que cualquier persona puede tener acceso en cualquier momento. No tiene límites de tiempo ni espacio. Es decir, podemos acceder a informaciones registradas por pueblos primitivos, o a acontecimientos que todavía no han tenido lugar en nuestra vida. Me temo que el inconsciente colectivo no encajaría muy bien en un solo cerebro individual.

LA DINÁMICA DE LA CONCIENCIA

Regresemos al inconsciente personal. Hablemos de la lectura. En algún momento de nuestra vida tuvimos que aprender el alfabeto. Nos sentamos en un aula mientras el profesor nos indicaba cada letra individualmente y después las pronunciaba. Usted y sus compañeros repetían las letras una y otra vez, con la repetición monótona que sólo los más jóvenes pueden soportar. Después copiamos cuidadosamente cada una de las letras en nuestro cuaderno. Copiamos las letras una y otra vez, hasta que supimos exactamente qué aspecto tenía una «A», y cómo se diferenciaba de una «B», de una «C», y así sucesivamente. Después aprendimos cómo se combinaban las letras para formar palabras. Lentamente probábamos cada letra de una palabra desconocida hasta que la sabíamos pronunciar. Si ya conocíamos esa palabra, el trabajo estaba hecho. Si no, entonces teníamos que descubrir el significado de la palabra.

A medida que avanzábamos en la lectura, podíamos reconocer palabras enteras con una simple ojeada, así que no teníamos que pasar por ellas letra a letra para poder deletrearlas. Para la mayoría, ese rápido reconocimiento hizo de la lectura un placer en lugar de una tarea difícil. Nos convertimos en lectores. Para algunos, ese reconocimiento rápido nunca llegó. En cualquier caso, todos tuvimos que invertir mucho tiempo y esfuerzo para aprender a leer.

Una vez adquirida la capacidad de leer, probablemente pasamos mucho tiempo utilizándola. Nunca he visto ninguna estadística, pero me puedo imaginar que las personas más cultas podrían pasar la mitad del tiempo leyendo alguna cosa u otra. ¿Pero qué parte de ese tiempo de lectura es consciente? Me atrevería a decir que muy poca. Para los lectores rápidos, las palabras fluyen sin ninguna conciencia de su paso. ¡Las palabras fluyen directamente del libro al inconsciente sin ninguna intervención consciente!

He escogido a propósito un ejemplo polémico para defender mi teoría. Podría usted decir que sí está consciente mientras lee, pero en general se trata de un nivel de conciencia bajo. Me resultaría difícil llevarle la contraria. ¿Pero qué pasa cuando conducimos un coche? Al igual que para aprender a leer, necesitamos mucho tiempo y esfuerzo para aprender a conducir. Para la mayoría de nosotros en el mundo occidental, se trata de una capacidad básica. Debemos conducir. Si cometemos errores mientras conducimos nos podemos matar, a nosotros y a otras personas. Y sin embargo, ¿cuánta atención consciente utilizamos mientras conducimos, en general?

Cuando conduzco por un camino que conozco bien, dirijo mi conciencia hacia una multitud de otras cosas, seguro de que alguna otra parte de mi mente se encargará de la conducción. ¿Se ha pasado alguna vez la salida de la autopista que quería o cogido el viejo camino el día que tenía que ir a algún otro lugar? Si usted no estaba consciente, ¿quién o qué estaba conduciendo?

Así pues, ¿estamos conscientes cuando leemos o conducimos, o no? Está claro que la relación entre el consciente y el inconsciente forma una dinámica compleja que no se puede explicar fácilmente.

ARQUETIPO Y COMPLEJO

Fue esta relación dinámica entre consciente e inconsciente lo que Jung observó y describió. Mientras trabajaba como joven médico en la clínica psiquiátrica Burgholzli, en Suiza, Jung llevó a cabo algunos experimentos de asociación de palabras en los que registraba la respuesta del paciente frente a una palabra estímulo y también medía el tiempo de reacción de la respuesta. Cuando analizó los resultados, descubrió que las respuestas con los tiempos más largos de reacción tendían a agruparse alrededor de temas que tenían significado emocional para el paciente. Por ejemplo, si éste tenía dificultades para tratar con el padre, las respuestas más lentas provenían de la asociación que el paciente hacía con el padre. Ello no significa que las palabras de estímulo tenían que estar directamente conectadas con el concepto de padre; simplemente tenían que estarlo en la mente del paciente. En nuestro ejemplo, la mayoría de personas asociarían la palabra «leche» con la madre en lugar del padre. No obstante, si el paciente una vez derramó la leche y el padre le riñó por ello, «leche» podría ser una de esas palabras estímulo.

Jung denominaba «complejos» a esas agrupaciones de conceptos con carga emocional. Como antes mencioné, este concepto de complejo atrajo a Freud y fue una de las primeras razones por las cuales se interesó por Jung. Freud teorizó que todos los complejos giraban en torno a acontecimientos significativos de carácter sexual ocurridos a una edad temprana. Su razonamiento era que el proceso de psicoanálisis debería ser capaz de llevar las asociaciones personales a la mente de una en una. Por último la cadena de asociaciones conduciría de vuelta a un acontecimiento con carga sexual experimentado durante la infancia. Una vez el paciente descubriera el acontecimiento original que yacía en la raíz del complejo, no quedaría nada en el complejo y el paciente estaría curado. Esta es una teoría ordenada lógicamente que, por desgracia, no encaja con la realidad.

Cuando Jung exploró los complejos de sus pacientes, descubrió algo muy diferente. El paciente no se recuperaba automáticamente cuando todas las asociaciones personales habían sido llevadas a la luz. Ni tampoco existía siempre (ni siquiera frecuentemente) un acontecimiento original en el núcleo del complejo. En lugar de ello, Jung descubrió que después de que todo lo personal fuera hecho consciente, todavía quedaba un núcleo de increíble fuerza emocional. En lugar de desactivar la energía, ésta se incrementaba. ¿Qué podía formar un núcleo así? ¿Por qué tenía tanta energía?

Parecía como si tuviera que existir un núcleo impersonal dentro de un complejo. En la exposición sobre el concepto de Paul MacLean sobre el cerebro triuno, vimos que nuestros cerebros contienen una historia evolutiva dentro de su misma estructura, y que esa antigua estructura todavía controla gran parte de la vida que creemos que vivimos tan conscientemente. (Véase figura 3) Para hacerlo así, esas estructuras tienen que estar muy bien organizadas, para que se pueda tener acceso a ellas según sea necesario. Si nuestro pasado evolutivo está archivado en nuestro interior (o al menos está disponible para acceder a él, como si estuviera archivado en nuestro interior), sólo hay dos maneras en que pueda aparecer en nuestra vida: 1) a través de acciones de conducta en el mundo exterior, es decir, lo que normalmente denominamos instinto; y 2) a través de imágenes de nuestro mundo interior, que Jung inicialmente denominó imágenes primordiales y más tarde arquetipos (del griego primer grabador).

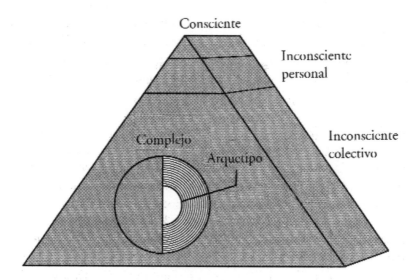

FIGURA 3

La estructura de la psique. El consciente, sólo una parte diminuta de la psique, es de evolución reciente. Debajo está el inconsciente personal y debajo de éste la gran extensión del inconsciente colectivo. Toda experiencia sensorial es primero filtrada a través de los componentes del inconsciente colectivo -los arquetipos- que reúnen nuestras experiencias vitales a su alrededor para formar complejos. Si vamos quitando las capas de experiencias personales que conforman un complejo, descubrimos el arquetipo que éste contiene; el proceso se asemeja a ir pelando las capas de una cebolla.

...existen buenas razones para suponer que los arquetipos son las imágenes inconscientes de los propios instintos, en otras palabras, que son patrones de conducta instintiva... La hipótesis del inconsciente colectivo es, por tanto, no más atrevida que asumir que los instintos existen...

La cuestión es simplemente ésta: ¿existen o no formas universales inconscientes de este tipo? Si existen, entonces hay una zona de la psique que podríamos llamar el inconscente colectivo.[19]

Como podemos ver por los comentarios de Jung, él llegó a utilizar el término arquetipo para referirse a un patrón informe que subyacía tanto a las conductas instintivas como a las imágenes primordiales. Por ejemplo, en el núcleo de un complejo paterno está el arquetipo del padre. Para un paciente en particular, el arquetipo del padre atrae hacia sí imágenes y comportamientos del padre que están disponibles a partir de la experiencia del paciente. A medida que se excava más profundamente en el complejo, las imágenes y comportamientos que se encuentran tienden a ser menos personales y estar más arraigados en la experiencia de la herencia cultural del paciente, tanto si éste tiene o no conocimiento personal de la imagen o de la conducta.

Por desgracia, una palabra maravillosa como arquetipo parece ser demasiado filosófica y literaria para los científicos modernos; les trae recuerdos de las imágenes ideales de Platón y otros temas igualmente tabú. Naturalmente, Jung escogió la palabra arquetipo precisamente por esa razón, dándose cuenta de que mucho antes que la ciencia, nuestros grandes pensadores consiguieron atisbar debajo de la capa de la realidad física. Me gustaría utilizar un término más para arquetipo –invariante cognitiva– una expresión algo torpe que podría ser más aceptada y resultar más inteligible para la ciencia moderna. Cognición es el proceso mental de saber o percibir, invariante significa constante; de aquí esas constantes que en parte determinan nuestro conocimiento de la realidad.

19. Carl Jung, *The Collected Works*, vol. 9, I, «The Archetypes and the Collective Unconscious», 1959 Princeton, Princeton University Press, págs. 91-92.

Se está dando actualmente una serie de investigaciones que traspasan una amplia gama de ciencias, y que se reúnen bajo el término general de ciencia cognitiva. Howard Gardner, en su libro *The Mind's New Science*, describe la ciencia cognitiva como: «... un intento contemporáneo y basado en lo empírico de dar respuesta a antiguas cuestiones epistemológicas, en particular a aquellas relacionadas con la naturaleza del conocimiento, sus componentes, sus fuentes, su desarrollo y su despliegue.»[20]

Los arquetipos o invariantes cognitivas encajan en cualquier estudio así, puesto que si existen, son definitivamente «componentes» de conocimiento, «fuentes» de conocimiento, y están muy implicados en el «desarrollo» y el «despliegue» de nuestro conocimiento de la realidad. De acuerdo con ello, a lo largo de este libro utilizaré ocasionalmente la expresión invariante cognitiva en lugar de arquetipo, cuando me refiera a los arquetipos en general. Normalmente utilizaré la palabra arquetipo cuando hable de alguno en particular.

Mi ejemplo favorito de arquetipo (en este caso el arquetipo de la madre) se refiere al distinguido etólogo, ya fallecido, Konrad Lorenz y a una cría de oca que creía que Lorenz era su madre.[21] Lorenz obtuvo el premio Nobel, en gran parte por su descubrimiento de la manera en que se detona la conducta instintiva en los animales. Descubrió que los animales (incluyendo a los hombres y a las mujeres, por supuesto) nacen con unas predisposiciones internas hacia unas conductas altamente específicas. Una conducta instintiva particular puede estar latente en el animal durante años, hasta que llega el momento en que es necesaria. Cuando llega ese momento, la conducta innata y colectiva es detonada por unos estímulos exteriores específicos. Lorenz denominó a este proceso «grabar o imprimir.» (Recuerde que arquetipo se deriva del griego «primer grabador.»)

---

20. Howard Gardner, *The Mind's New Science*, Nueva York, Basic Books, 1985, pág. 6.
21. Konrad Lorenz, *King's Solomon's Ring*, Nueva York, Signet, división de New American Library, 1972.

En efecto, Lorenz estaba resucitando la teoría de los instintos, no muy en boga entre los científicos, pero él añadió una pieza más al rompecabezas: mediante la meticulosa observación de cómo se realizaba la grabación, fue capaz de ofrecer los detalles de cómo funcionan realmente esas conductas instintivas. Por ejemplo, mientras estudiaba la conducta de las ocas, ocurrió que Lorenz estuvo presente en el momento en que un polluelo de oca salía del cascarón. La cría imprimió el arquetipo madre sobre Lorenz; es decir, el polluelo decidió que Lorenz era su madre. El *King Solomon's Ring* contiene una maravillosa fotografía de Lorenz caminando, absorto en sus pensamientos, con la cría de oca anadeando tras él, de la manera en que las crías siempre marchan detrás de sus madres.

Por supuesto Lorenz no se parece en nada a una oca. Ni tampoco habla como una oca, ni actúa como una oca, etc. Por lo tanto, el arquetipo de la madre no puede estar archivado dentro de la cría como una imagen que le diga qué aspecto debería tener una madre oca. El arquetipo tiene que ser lo suficientemente flexible para adaptarse a una experiencia personal de la madre tan diferente de una madre oca normal como fue el caso de Konrad Lorenz. Eso es a lo que Jung se refería al insistir en que los arquetipos no tienen una forma determinada.

Jung se encontró con arquetipos del exterior en el interior, a través de su estudio de los complejos. No obstante, como hemos visto en el caso de la cría de oca, es claramente el arquetipo lo que aparece primero. Imaginemos a un bebé humano en lugar de la cría de oca. Debe de contener un arquetipo de la madre que pueda grabar sobre su propia madre. Ese arquetipo al parecer contiene toda la historia humana sobre la interacción de madre e hijo, y probablemente toda la historia animal también. Una relación que ha sido tan importante durante tanto tiempo atrae energía, energía que da forma a la relación del recién nacido con su madre física.

Cada bebé es único y cada madre es única. Por lo tanto, cada bebé tiene que adaptar su relación individual con su madre al arquetipo colectivo de la madre. Por ejemplo, ya desde el nacimiento el niño sabe cómo mamar. Como todo niño criado con biberón sabe, ese comportamiento es perfectamente capaz de adaptarse a un biberón en luchar de a un pecho. Todo bebé sabe cómo llorar y cómo sonreír. (Todos hemos oído el argumento de que lo que llamamos sonrisa es sólo una reacción a los gases. No obstante, investigaciones más recientes parecen indicar que un bebé sonríe para atraer a sus padres.) Si un bebé llora y descubre que inmediatamente la madre está allí para ver cuál es el problema, crecerá con una adaptación diferente a la vida que un bebé cuya madre ignora el llanto y mantiene un horario regular de horas para dormir y para comer.

Durante los años que un bebé tarda en desarrollarse hasta llegar a adulto, adquiere una gran cantidad de recuerdos de su madre que se agrupan alrededor del arquetipo de la madre para formar un complejo de asociaciones relacionadas con ella. Esencialmente hemos formado una madre interior que tiene tanto características universales como características específicas de nuestra madre en particular.

Cuando tenemos que tratar con situaciones similares a las que vivimos con nuestra madre, nos basamos en el complejo materno. Por ejemplo, cuando un bebé hembra se convierte en una niña de tres años y empieza a hacer algo que sabe que es malo, podría decir en voz alta: «Niña mala». Ésa es la madre interior que está funcionando. Si se cae y se araña la rodilla, irá corriendo hacia su madre para que ésta la consuele. Si la madre no está disponible, probablemente se abrazará a sí misma como si fuera la madre quien lo estuviera haciendo.

Cuando esta niña finalmente se convierte en adulta, seguirá basándose en el complejo materno cuando la situación lo requiera. Si su relación con la madre ha sido positiva, podrá extraer consuelo y atención de su madre interior cuando sea necesario. Si la relación con la madre no ha sido buena, es probable que tenga dificultades para confiar en alguien porque ella verá cualquier situación en que se requieran cuidados a través del cristal de sus propias y tristes experiencias.

Recuerde que el complejo materno tiene en su núcleo un arquetipo colectivo de madre que no tiene nada que ver con la madre concreta. En los últimos años, los psicólogos han empezado a estudiar niños con trasfondos familiares terribles que de alguna manera lograron convertirse en personas sanas y de éxito (muchas veces llamados «superniños»). Éstos se dirigen hacia otros adultos para obtener el cariño y el apoyo que no obtienen de sus padres. A veces logran encontrar un adulto o un profesor especial que se puede convertir en padre o madre sustituto. Más frecuentemente, se las arreglan para construir el padre y la madre que necesitan con las diversas características de varios adultos distintos. Esto es realmente asombroso y sólo explicable si estos niños ya tienen alguna plantilla interior de la madre y del padre que puedan comparar con sus experiencias de la vida exterior.

ARQUETIPOS DE DESARROLLO

Es imposible determinar cuántos arquetipos existen. Al parecer existen arquetipos para cada persona, lugar, objeto o situación que haya tenido una fuerza emocional para un gran número de personas a lo largo de un extenso período de tiempo.[22]

Si existe un número tan grande de arquetipos, deben de tener niveles jerárquicos. Es decir, el arquetipo de la madre debe de estar contenido dentro del arquetipo de lo femenino. Pero el arquetipo de lo femenino también debe de contener el arquetipo de la esposa, hermana, amante, etc. Los arquetipos de madre, esposa, hermana y amante se solaparían en el punto en que todos ellos forman parte de lo femenino. Pero el arquetipo de la madre también se solaparía con el arquetipo del padre, allí donde ambos coinciden en el arquetipo parental. En otras palabras, por necesidad, los arquetipos no tienen unos lindes definidos; cada arquetipo se funde con otros en ese punto fronterizo.

Ésta es exactamente la misma situación que encontramos en nuestra experiencia del mundo físico. Los patos, gallinas y avestruces son todos aves; las aves y los mamíferos son animales vertebrados, etc. Algún sistema de clasificación es útil y necesario. Pero el mundo por sí solo no se divide en categorías, somos los seres humanos quienes imponemos las categorías para poder tratar con la complejidad del mundo. También los arquetipos están más allá de una

---

22. Los lectores interesados deberían tener en cuenta que esto es exactamente lo que Rupert Sheldrake sostiene que es necesario para que tenga lugar una «resonancia mórfica.» A aquellos que estén interesados en este enfoque biológico de estos temas les recomiendo la lectura de su influyente y polémico libro *A New Science of Life: The Hypothesis of Formative Causation*, Los Ángeles, J.P. Tarcher, 1981.

clasificación por categorías, pero éstas nos son útiles a nosotros.

Jung podría haber dedicado el resto de su vida a recoger arquetipos y a ordenarlos por categorías, como si fuera un primitivo botánico de la psique. Pero Jung llegó a su descubrimiento de los arquetipos del inconsciente colectivo porque estaba intentando curar a sus pacientes. Por lo tanto, su principal interés radicaba en descubrir los arquetipos subyacentes al proceso de sanación y desarrollo, interés que él llamó individuación.

De acuerdo con ello, de la multiplicidad de arquetipos que nos salen al paso, ya sea en los sueños o proyectados en el mundo exterior, Jung escogió tres para dedicarles una atención especial, puesto que sentía que representaban de manera secuencial los estadios del proceso de individuación:

1) *La sombra*: el arquetipo que personifica todos esos rasgos personales que han sido ignorados o negados, normalmente representados por una figura del mismo sexo que el soñante;

2) *El anima/animus:* el arquetipo que sirve de conexión con el inconsciente colectivo impersonal, normalmente representado por una figura del sexo opuesto al soñante;

3) *El Self:* el arquetipo de la totalidad y la trascendencia, algunas veces representado por el anciano sabio o la anciana sabia (pero que asume una variedad de formas, tanto humanas como animales o abstractas).

En otros lugares he denominado a estos tres los «arquetipos del desarrollo» puesto que cada uno de ellos corresponde a una fase distinta del desarrollo psíquico.[23] Cada uno se encuentra en un nivel más profundo de la psique. Expondremos más ampliamente cada uno de estos niveles en los siguientes capítulos. Sin embargo, primero tenemos que explorar un tema que nos fascina a todos: ¡los sueños!

---

23. Robin Robertson, *C.G. Jung and the Archetypes of the Collective Unconscious*, Nueva York, Peter Lang, 1987.

Capítulo 3

LOS SUEÑOS

Freud... deriva el inconsciente del consciente. ...Yo lo pondría al revés: yo diría que lo que viene primero es obviamente el inconsciente... En la temprana infancia somos inconscientes; las funciones más importantes de naturaleza instintiva son inconscientes, y la conciencia es más bien el producto del inconsciente.

CARL JUNG

Los sueños pueden ser considerados como un puente entre el consciente y el inconsciente. A ese respecto, Jung estaba convencido de que todo lo que a la larga emerge en el consciente tiene su origen en el inconsciente; es decir, los arquetipos amorfos conseguirán tener forma cuando sean experimentados en nuestra vida exterior y en nuestros sueños. No es suficiente considerar los acontecimientos de nuestra vida como hechos puramente causales, sino que también tenemos que considerarlos desde el punto de vista teleológico. Es decir, no solamente nos vemos empujados hacia delante por las acciones que nosotros llevamos a cabo en nuestro pasado, sino que también somos atraídos hacia delante por aquellas acciones que necesitamos realizar, muchas de las cuales están contenidas en nuestro interior bajo la forma de arquetipos.

51

> Puesto que los sueños son la expresión más común del incons-
> ciente, aportan gran parte del material para su investigación.[1]

En su consulta de psicoanalista, los sueños eran una de las mate-
rias primas básicas que Jung utilizaba para explorar el inconsciente.
Como ya vimos en el capítulo 1, fue la insistencia de Freud sobre la
importancia de los sueños lo que primero atrajo a Jung hacia el psicoanálisis. El descubrimiento por parte de Jung de los referentes
mitológicos en los sueños le condujo a su concepto del inconsciente colectivo y de sus componentes, los arquetipos. Jung fue impul-
sado inevitablemente hacia este modelo por el simple hecho de su
insistencia en respetar el sueño y registrar lo que descubría.

La idea de que existía una base colectiva en la psique que está
relacionada con el consciente, y que podemos observar mediante los
sueños, aisló a Jung de sus colegas. Esto se parecía mucho a la experiencia que tuvo Jung con sus compañeros universitarios con respecto a los fenómenos psíquicos. Siempre es más fácil desechar los
resultados extraños que observar ese material con una mirada totalmente fresca. En el capítulo anterior hemos visto que la realidad
psicológica es mucho más compleja de lo que el supuesto sentido
común se podría imaginar. Hemos visto que los animales (incluyendo a los animales humanos como usted o yo) nacemos con la
capacidad de acceso a conductas e imágenes que han ido evolucionando a través de la extensa historia de su especie (y de todas las
especies que la precedieron). Y éstas no se amontonan simplemente de manera aleatoria en un desván polvoriento de «memoria
racial,» sino que están organizadas de manera tan meticulosa que se
pueden activar en puntos predeterminados de nuestro desarrollo.

Jung llamó a estas conductas e imágenes heredadas arquetipos,
y yo he sugerido el término alternativo de invariantes cognitivas. Él
recalcó que estos arquetipos no tienen forma hasta que son activa-
dos en nuestras vidas (es decir, el proceso de grabación que Konrad
Lorenz documentó con tanto cuidado). Aunque no comprendemos

---

1. Carl Jung, *The Collected Works, vol. 8: The Structure and Dynamics of the Psyche*, copyright © 1960, 1969, Princeton, Princeton University Press, pág. 544.

del todo cómo funciona este mecanismo, es claramente eficaz, ya que significa que un arquetipo dado (digamos el de la madre) puede funcionar a través de una gran variedad de culturas, en una gran variedad de épocas y lugares. (Como el arquetipo parece que es básicamente informe, una posibilidad es que se archive como algún tipo de algoritmo numérico, pero esto no es más que especulación en este momento todavía temprano del estudio de la naturaleza de la mente.)

FIGURA 4

José fue capaz de intepretar el sueño del faraón, que había confundido a los magos de la corte, porque él comprendía que los sueños son algo simbólico, no literal. (José interpreta el sueño del faraón, de *Nuremberg Chronicle* de Schedel, 1493.)

... Es sólo nuestra mente consciente la que no sabe; el inconsciente parece estar ya informado y haber presentado el caso a un meticuloso examen de diagnóstico, más o menos de la manera como habría hecho el consciente si hubiera conocido los hechos relevantes. Pero, precisamente porque eran subliminales, pudieron ser percibidos por el inconsciente y ser sometidos a una especie de examen que anticipa su resultado final.[2]

Como ya discutimos anteriormente, Jung representa el consciente como una zona diminuta en la cima de la pirámide del inconsciente. Justo después del límite del consciente está el inconsciente personal, lleno de recuerdos de imágenes y conductas que hemos adquirido durante nuestra vida. Más allá del dominio del inconsciente personal pasamos a las zonas más accesibles del inconsciente colectivo, como la memoria tribal o cultural. Pasado ese punto, podemos penetrar más en la memoria racial, e incluso en la de otras especies. ¿Es esto realmente posible? ¿O se trata sólo de un disparate místico, como dirían los críticos de Jung? Para responder a estas preguntas tenemos que echar una ojeada al estado actual del conocimiento científico sobre los sueños.

¿SUEÑAN OTRAS ESPECIES?

La investigación de los sueños ha indicado que soñar no es algo limitado a los seres humanos. Incluso un animal tan primitivo como la zarigüeya, que poco ha cambiado en sesenta y cinco millones de años, sueña. Con excepción del oso hormiguero espinoso, un mamífero muy primitivo, todos los mamíferos sueñan. Las aves también sueñan, aunque pasan mucho menos tiempo soñando que los mamíferos. Incluso los reptiles a veces muestran síntomas de estar soñando.

Naturalmente, no podemos preguntarle a un gato o a un perro si sueñan. Pero los investigadores han descubierto que los seres humanos tienen episodios de sueño REM (movimiento ocular rápido: MOR en español), a intervalos de aproximadamente 90 a 100 minutos durante una noche normal. En total pasamos de una hora y media a dos horas cada noche en estas fases REM. Estos ciclos no

---

2. Carl Jung, *The Collected Works, vol. 18: The Symbolic Life*, copyright © 1980, Princeton, Princeton University Press, pág. 545.

se limitan al sueño; pasamos por los mismos ciclos más de una vez a lo largo del día, pero somos menos conscientes de ellos. Cuando se despierta a un sujeto durante la fase REM, normalmente habla de algún sueño. Estos sujetos también pueden soñar durante la fase no REM, pero este tipo de sueño parece más confuso y fragmentado.

Otros mamíferos experimentan episodios periódicos similares de sueño REM. Parece existir poca diferencia en la cantidad total de sueño REM, independientemente de lo desarrollado o primitivo que sea el animal. No obstante, se ha descubierto que los carnívoros sueñan más que sus presas.

En todas las especies, los recién nacidos sueñan más que los adultos. Esto significa que un bebé humano recién nacido duerme dos terceras partes del tiempo, y la mitad de ese tiempo corresponde a un sueño REM. Esto hace un total de unas ocho horas de sueños al día, o de cuatro a cinco veces el tiempo en que sueña un adulto. ¿Pero sueñan los animales realmente de la misma manera que nosotros? Todas las evidencias parecen indicar que efectivamente así es.

> Los amantes de los animales han observado que sus criaturas favoritas olisquean, gimotean, gañen, maúllan, mueven la cola hacia un lado u otro, mueven las patas, succionan, lamen, respiran fuertemente y muestran una gama de emociones que sugieren que están soñando.[3]

Es difícil no concluir que los animales sueñan durante esos períodos, porque todas las mediciones fisiológicas (ondas theta en un electroencefalograma, metabolismo rápido del oxígeno, etc.) son equivalentes a mediciones similares realizadas durante el sueño de una persona, una vez hechos los ajustes pertinentes para diferentes especies.[4]

---

3. Gay Gaer Luce y Julius Segal, *Sleep*, Nueva York, Lancer Books, 1967, pág. 196.
4. Los lectores deberían consultar «Sleep,» de Ernest Hartmann, en *The New Harvard Guide to Psychiatry*, comp. Armand M. Nicholi, Jr., M.D., Nueva York, Beknap Press, 1988, y Gay Gaer Luce y Julius Segal, *Sleep*, Nueva York, Lancer Books, 1967, para gran parte del material sobre el estudio científico de los sueños de los dos apartados anteriores.

EL EFECTO DE LA FALTA DE SUEÑO

Un episodio de «Star Trek –la nueva generación» titulado «Terrores nocturnos» mostraba unos terroríficos efectos de la falta de sueño. La nave *Enterprise* descubría otra nave estelar de la Federación con un único superviviente. Todos los demás miembros de la tripulación habían asesinado a alguien o se habían suicidado de maneras especialmente horribles. Cuando la tripulación del *Enterprise* empezó a investigar esta tragedia, ellos también empezaron a comportarse de manera atípica: se hablaban con irritación entre ellos, se perdían en ensoñaciones, oían o veían cosas que no estaban allí. Así era como se había comportado la tripulación de la otra nave estelar durante los últimos días anteriores a su trágico final.

Gradualmente la tripulación del *Enterprise* llegó a descubrir que nadie podía soñar ya porque algo había alterado sus ciclos REM. Una vez más, como en todas las buenas aventuras de «Star Trek», el desastre se pudo evitar en el último momento. Al final del episodio, toda la tripulación estaba durmiendo de nuevo, sabiendo que esta vez sí podrían soñar.

Los estudios científicos corroboran esta representación ficticia. En los experimentos donde los voluntarios intentaban permanecer despiertos tanto tiempo como les fuera posible, perdían la orientación tanto en tiempo como en espacio, alucinaban, perdían habilidades motrices y a la larga daban muestras de síntomas psicóticos, entre ellos la paranoia. Y, en algún momento determinado, resultaba imposible evitar que los sujetos soñaran; espontáneamente caían en brevísimos períodos de sueño REM sin darse cuenta de que lo estaban haciendo. Cuando los sujetos experimentales finalmente tenían ocasión de dormir, caían inmediatamente en un sueño especialmente excitado y permanecían allí hasta que despertaban. Hasta cierto momento de la privación de sueño, el período de sueño REM corresponde aproximadamente al tiempo que perdieron durante el período insomne.

En un intento de descubrir qué pasa cuando la falta de sueño se lleva un poco más lejos, los investigadores del sueño han experimentado con animales, muchas veces llevando el período insomne mucho más allá de los límites de la resistencia humana. Al igual que los seres humanos, los animales a quienes se impedía soñar durante bastante tiempo se volvían desorientados, perdían habilidades motrices, y a la larga mostraban síntomas que, para su especie en concreto, se podrían considerar psicóticos.

¿POR QUÉ SOÑAMOS?

Resumamos lo que hemos expuesto sobre sueños hasta ahora. Con una sola excepción todos los mamíferos experimentan el período REM, y por tanto los sueños. Las aves también sueñan, pero con menor frecuencia que los mamíferos, y los reptiles a veces parece que estén soñando, aunque no es habitual. Privados del sueño, los seres humanos y otros animales pierden el sentido de la orientación y pueden llegar a comportamientos psicóticos.

Recordemos el modelo de Paul MacLean del cerebro triuno, descrito en el capítulo anterior. MacLean demuestra que el cerebro humano contiene un subcerebro similar al de los reptiles, un segundo subcerebro del nivel de desarrollo de los mamíferos, y un subcerebro final que sólo compartimos con otros primates. Además, el cerebro reptiliano apareció en una época en que las especies se habían vuelto suficientemente complejas para tener que tratar con comportamientos instintivos grupales como la territorialidad, el ritual y el establecimiento de jerarquías sociales. El cerebro mamífero apareció cuando existió la necesidad de un mecanismo interno que gobernara la conciencia social y las relaciones. Por último, el cerebro primate apareció cuando fueron necesarias funciones cerebrales más elevadas para tratar con una orientación visual cada vez mayor y el inicio del lenguaje.

De lo arriba expuesto parece posible que los sueños deben de haber sido un mecanismo para enfrentarse a una conducta social cada vez más compleja. Podemos imaginar que los tempranos protosueños de los reptiles, que surgieron entre 150 y 250 millones de años atrás, probablemente eran de sangre fría y sin emociones. El rico paisaje emocional que asociamos con los sueños debe de haber existido ya en parte cuando aparecieron los mamíferos hace de 10 a

20 millones de años; esos sueños mamíferos deben de haber tratado cada vez más con complejos temas sociales y emocionales. Por último, en el caso de los primates, especialmente del ser humano, los sueños se deben de haber vuelto cada vez más visuales y haber evidenciado como mínimo un lenguaje primitivo; ¿quizás un lenguaje simbólico?

Si todo ello es cierto, tenemos que preguntarnos: «¿Qué papel juegan los sueños ayudando a las personas a tratar con complejas conductas sociales?» En su libro, *Consciousness Regained*, Nicholas Humphrey, un psicólogo experimental especializado en conducta animal, ofrece un principio de respuesta.[5] Empieza con una característica básica de los sueños que demasiadas veces ignoramos: ¡nuestra experiencia onírica es tan real para nosotros como nuestra experiencia de vigilia! Es cierto que los sueños tienen lugar en un paisaje fantasmagórico donde las reglas que funcionan durante el día ya no son aplicables, excepto una: con pocas excepciones, nuestros sueños evocan los mismos sentimientos de felicidad, tristeza, temor, lujuria, hambre, sed, gozo, temor reverencial, de la misma manera que unas experiencias similares nos provocan en la vida cotidiana.

En otras palabras, los sueños se centran en una exactitud emocional, no física. Es sólo después, a la fría luz del día, cuando condenamos los sueños como tonterías. Mientras están teniendo lugar, pueden ser perfectamente reales, como sabe cualquiera que se haya despertado alguna vez con un sudor frío causado por una pesadilla. Esta característica de los sueños encaja bien con el desarrollo evolutivo de los sueños que hemos esbozado antes: que los primeros auténticos soñantes fueron los mamíferos, y que el cerebro mamífero trata con los temas emocionales.

Aprendemos en gran parte de la acción. Puesto que experimentamos los sueños como reales, Humphrey destaca que deberíamos poder aprender de los sueños de la misma manera que aprendemos

---

5. Nicholas Humphrey, *Consciousness Regained*, Oxford, Oxford University Press, 1984.

de nuestra experiencia diurna. Él sostiene que los sueños ofrecen una oportunidad para ensayar un tipo de conducta con antelación, para que cuando ésta sea necesaria, ya la hayamos perfeccionado. Como los niños tienen una mayor necesidad de aprender sobre futuras conductas que los adultos, los niños deberían, por tanto, soñar más que los adultos. Y, de hecho, en todas las especies, los recién nacidos sueñan mucho más que los adultos; un bebé humano recién nacido experimenta fases REM unas ocho horas al día, de cuatro a cinco veces más que un adulto. Es casi como si los bebés fueran incorporándose a la existencia por medio de los sueños. Humphrey sugiere cuatro categorías, dentro de las cuales podemos calcular que entran los sueños infantiles:

1) Experiencias que [ellos] no conocen todavía, y especialmente aquellas que [ellos] como individuos particulares, podrían de otro modo no llegar a conocer nunca.

2) Experiencias que [ellos] no llegarán a conocer en el mundo real hasta que se hagan mayores.

3) Experiencias que [ellos] observan en otros individuos que están pasando por ellas y que son características de la comunidad.

4) Experiencias que, tanto si [ellos] han tenido ocasión de observar como no, son características de los seres humanos en general.[6]

En su lista, Humphrey se centra en esas experiencias que el niño todavía no ha vivido en la realidad. No obstante, cuando el niño se va convirtiendo en adulto, debería ser necesario incorporar experiencias vitales reales al proceso de aprendizaje de los sueños. De acuerdo con ello, yo sugeriría añadir como mínimo dos categorías adicionales a su lista:

---

6. Nicholas Humphrey, *Consciousness Regained*, pág. 89.

5) Experiencias de nuestra vida cotidiana que funcionaron bien.

6) Experiencias de nuestra vida cotidiana que no funcionaron tan bien.

En el primer caso, nuestros sueños pueden repetir e incluso mejorar nuestras acciones reales para poderlas utilizar de manera provechosa en el futuro. En el último caso, los sueños pueden ensayar acciones alternativas hasta que algo finalmente funciona bien. Estos seis tipos de experiencia onírica permitirían no sólo a los niños, sino a todos nosotros, perfeccionar y ampliar el repertorio de conductas instintivas que tenemos disponibles cuando nacemos, así como las nuevas conductas que aprendemos en el transcurso de la vida.

Si la teoría de Humphrey es correcta, entonces los sueños deberían dejar huellas reales en la estructura de nuestro cerebro, para poder reclamarlos cuando sean necesarios en nuestra vida cotidiana, igual que hacemos con los instintos. En *Dreams and the Growth of Personality*, el psicólogo Ernest Lawrence Rossi resume las evidencias de las investigaciones efectuadas que corroboran una perspectiva similar, especialmente la de Michel Jouvet:

> En 1975, el neurofisiólogo francés Michel Jouvet propuso la teoría de que los sueños (que él denomina dormir paradójico) liberan programas genéticos... que sirven para reorganizar el cerebro. Su extensa investigación con gatos sirve para reforzar esta teoría[7]

Los animales menos desarrollados que los reptiles funcionan casi totalmente por instinto. La conducta programada aparece para poderse enfrentar a prácticamente cualquier situación. Pero los

---

7. Ernest Lawrence Rossi, *Dreams and the Growth of Personality*, New York, Brunner/Mazel, 1985, págs. 203-206.

patrones de conducta fijos no funcionan muy bien ante un cambio; el animal individual necesita más libertad de comportamiento. Visto desde esta perspectiva, la complejidad cada vez mayor de los reptiles se desarrolló para ofrecer al reptil individual una gama más amplia de posibles conductas, más allá de las que ya llevaba grabadas desde su nacimiento. Los sueños primitivos podrían haber ido ligados estrechamente con una conciencia más compleja que permitía una adaptación individual al entorno.

Según esta teoría, los sueños son una parte básica de un sistema de conciencia global, antes que una anomalía residual. Durante el sueño se podrían ensayar una amplia gama de conductas futuras. Los sueños con conclusiones no resueltas se repetirían con alguna variación hasta que se diera una resolución. Los sueños que conducen a conclusiones insatisfactorias se darían cada vez con menor frecuencia que aquellos que tienen éxito en la resolución de problemas. Cada variación de aquellos que parecieron funcionar probablemente ocurriría con el tiempo.

Las complejas vidas sociales y emocionales de los mamíferos se verían entonces como un reflejo de una mayor complejidad, tanto en la conciencia como en el sueño. No sería un caso de qué causa qué, sino de una relación recíproca: mayor complejidad de conciencia y sueño que lleva a una mayor complejidad de conducta, que a su vez lleva a una mayor complejidad de conciencia y sueño, *ad infinitum.*

Anteriormente en este capítulo sugerí que, con la aparición del neocórtex, los sueños probablemente mejoraron la complejidad emocional disponible para los sueños mamíferos. Los sueños primates debieron de haber mejorado cada vez más para modelar nuestra realidad exterior, especialmente la realidad visual. Debieron de haber empezado a reflejar la experiencia, en lugar de experimentar directamente. Finalmente, al igual que la conciencia primate, los sueños debieron de haber desarrollado un lenguaje primitivo, probablemente simbólico. Con un mayor desarrollo del neocórtex en el caso del ser humano, todas estas características debieron de haberse reflejado de manera correspondiente en los sueños humanos. Y, naturalmente, esto es exactamente lo que experimentamos en nuestros sueños:

✓ un notable paisaje visual que mejora el que tenemos disponible durante la vigilia, porque un sueño puede utilizar cualquier imagen o color necesario para pintar el cuadro emocional que el sueño quiere construir;

✓ todos los niveles de representación: desde sueños donde el soñante no está presente, sino que meramente es un observador externo, hasta sueños donde el soñante está muy implicado en la trama del sueño; incluso los sueños lúcidos, donde el soñante se da cuenta de que está soñando, mientras está soñando, y puede incluso alterar el sueño mientras sigue soñando;

✓ un lenguaje simbólico tan desarrollado que se puede interpretar satisfactoriamente en varios niveles, desde el enfoque reduccionista freudiano o la ampliación utilizada en el análisis de sueños junguiano, hasta la variedad de técnicas eclécticas que actualmente utilizan diferentes escuelas de interpretación de sueños. Lo que resulta tan fascinante es que es casi imposible encontrar un enfoque de los sueños que no produzca tesoros psíquicos para quien quiera explorarlos.

En otras palabras, las características de los sueños humanos encajan exactamente con lo que podríamos esperar del examen de la historia del desarrollo cerebral. A la luz de esa historia, la opinión de Jung de que nuestros sueños pueden acceder a una información que no hemos adquirido durante el transcurso de nuestra vida, sino en la de la evolución de nuestra especie, resulta menos improbable. Su modelo de consciente e inconsciente, que interactúan durante el sueño, se convierte en una descripción razonable de la realidad que encaja muy de cerca con el conocimiento científico que poseemos actualmente.

De acuerdo con ello, asumiré que el respeto de Jung hacia los sueños no precisa más defensa y pasaré el resto de este capítulo discutiendo sin timidez la importancia práctica de los sueños. Mi examen no hará más que arañar la superficie del trabajo con sueños, pero espero que como mínimo animará a los lectores a prestar una mayor atención a sus propios sueños.

SUEÑOS Y CONCIENCIA

> Las acciones nunca fueron inventadas, se realizaban. Los pensamientos, por contra, son un descubrimiento relativamente tardío... En primer lugar [el hombre] era impulsado hacia la acción por factores inconscientes, y sólo mucho tiempo después empezó a reflexionar sobre las causas que lo habían impulsado; después le llevó un tiempo realmente muy largo llegar a la descabellada idea de que se debe de haber impulsado él mismo: su mente no era capaz de ver ninguna otra fuerza motivadora más que la suya propia[8]

La conciencia es, pues, un fenómeno muy reciente. Durante millones de años, los animales, e incluso los seres humanos, se las han arreglado para nacer, vivir y morir sin tener un conocimiento pleno del yo que nosotros llamamos conciencia. Podemos sentir alegría y tristeza, esperanza y temor, sin ser conscientes de nosotros mismos experimentando esas emociones. La falta de conciencia no crea robots, que se mueven inexorablemente siguiendo un plan predefinido; la dinámica del inconsciente es mucho más compleja que eso.

Aunque los arquetipos necesarios para el desarrollo ya están en su lugar cuando nacemos, no existen dos seres humanos (ni otros animales) que hayan experimentado esas conductas e imágenes heredadas de la misma manera. A pesar del hecho de que las fuerzas inconscientes subyacen a nuestra conducta, nuestras vidas están

---

8. Carl Jung, *Collected Works*, vol. 18, pág. 553.

llenas de opciones (aunque seguimos siendo inconscientes de muchas de ellas). No obstante, es cierto que la conciencia aporta algo nuevo al juego de la vida.

> La razón por la cual existe la conciencia, y por qué hay un impulso para ampliarla y profundizar en ella, es sencilla: sin conciencia las cosas van peor. Ésta es la razón por la que la madre naturaleza se dignó a producir la conciencia, la más notable de las curiosidades de la naturaleza.[9]

Tanto si la conciencia es la joya de la corona de la naturaleza o no, realmente es su novedad más reciente. Nadie respetó más la conciencia, y los esfuerzos heroicos del individuo por aumentar esa conciencia, que Jung. El proceso de individuación, que él estudió meticulosamente y que analizaremos detalladamente en este libro, es el proceso de ampliación de la conciencia. Pero toda conciencia emerge del inconsciente, la madre final de todo lo viviente. Y los sueños están situados en esa frontera mágica entre consciente e inconsciente.

Debido a ello, los cambios importantes de nuestra vida se ven reflejados de forma simbólica en nuestros sueños mucho antes de que sean palpables en la vida exterior. Esto muchas veces sólo queda patente después del hecho, cuando se puede examinar una larga serie de sueños. Muchas veces, en el período inmediatamente antes de que ocurra un cambio importante, aparece un único sueño que describe simbólicamente el curso entero del desarrollo posterior de la persona. El sueño es tan rico en significado que es imposible comprenderlo totalmente en el momento en que se produce. Más tarde, otros sueños menores recogen los hilos individuales de los cambios que se avecinan. Lentamente, inexorablemente, evolucionan a medida que la conciencia va creciendo. Todo cambio de conciencia, toda resistencia consciente, se puede seguir mediante

---

9. Carl Jung, *Collected Works*, vol. 8, pág. 695.

el ciclo de sueños: «Creamos un mundo con nuestros sueños, que con sus sueños nos crea a nosotros.»[10]

Puesto que existe una relación dinámica continua entre consciente e inconsciente, es natural que reaccionen uno al otro. Si nuestra actitud consciente se vuelve manifiestamente negativa desde el punto de vista de todo el organismo, el inconsciente lo compensará. Para tomar un ejemplo físico, si el cuerpo detecta una necesidad de un microelemento que falta en nuestra dieta, tendemos a desarrollar un apetito por algún alimento que contenga ese componente químico que nos falta. Naturalmente, viviendo de la manera que muchos hacemos ahora, comiendo rápidamente cualquier cosa, no somos tan conscientes de los mensajes del cuerpo como podríamos serlo si viviéramos en mayor contacto con la naturaleza. Pero todos hemos desarrollado repentinamente, en algún momento u otro de nuestra vida, un apetito por un alimento que normalmente no forma parte de nuestra dieta, quizá una verdura, aunque normalmente evitaríamos esa verdura.

Este proceso parece funcionar no sólo físicamente, sino también en el interior de nuestra psique. Igual que el cuerpo está trabajando continuamente para fomentar la salud y el bienestar, lo mismo hace nuestra psique. De acuerdo con ello, Jung creyó que la función principal de los sueños era servir como compensación inconsciente a nuestra actitud consciente. Naturalmente él se refiere a los sueños adultos, puesto que no existe la necesidad de compensación hasta que existe algún tipo de conciencia que compensar. Así pues, la opinión de Jung complementa la de Humphrey que antes mencionamos, en lugar de contradecirla. En el caso de los niños, los sueños son básicamente el campo de juego donde se ensayan las futuras conductas y actitudes. Al igual que los adultos, también son la escuela donde aprendemos maneras apropiadas de comportamiento y desaprendemos otras que no funcionan. A medida que nos hacemos adultos, hay una necesidad

10. Richard Grossnger, en *Dreams are Wiser than Men*, comp. Richard A. Russo, Berkeley, North Atlantic Books, 1987, pág. 191.

menor de aprender una conducta futura, y más de desarrollar al máximo nuestro potencial.

> A este respecto existen tres posibilidades. Si la actitud consciente de la situación vital es en un alto grado unilateral, entonces el sueño adopta el lado contrario. Si el consciente mantiene una posición bastante cercana al punto medio, el sueño se contenta con algunas variaciones. Si la actitud consciente es «correcta» (adecuada), entonces el sueño coincide con ella y hace hincapié en esta tendencia, aunque sin renunciar a su peculiar autonomía.[11]

Por ejemplo, si las personas se vuelven arrogantes, excesivamente seguras de que «tienen la sartén por el mango,» es probable que sueñen que les llega su justo merecido. Si infravaloran a alguien, puede que sus sueños le presenten a la persona despreciada como una figura exaltada, incluso un dios. Pero, las cosas raramente son tan diáfanas. Nuestras actitudes conscientes es más probable que sean una compleja mezcla, algunas actitudes correctas por ejemplo sobre el dinero, otras francamente alejadas de la realidad. Tampoco la vida se queda fija: las actitudes que pueden haber sido adecuadas en el pasado puede que ahora no lo sean. Por último, hay pocas situaciones en la vida que no requieran por nuestra parte una ponderación de ambos lados de un tema en nuestra mente, para juzgar equitativamente la situación. La vida no es fácil.

LA NATURALEZA INCONSCIENTE DE LOS SUEÑOS

> El sueño... no puede producir un pensamiento definido a menos que deje de ser un sueño... El sueño... manifiesta el borde de la conciencia, igual que el tenue brillo de las estrellas durante un eclipse total de sol.[12]

---

11. Carl Jung, *Collected Works*, vol. 8, pág. 546.
12. Carl Jung, *Collected Works*, vol. 18, pág. 511

Puesto que los sueños habitan en ese punto fronterizo entre consciente e inconsciente, una vez registramos y nos relacionamos con nuestros sueños, se empieza a formar un puente entre esos dos mundos. Con un acceso más rápido entre consciente e inconsciente, el crecimiento y el cambio se aceleran. Una vez empezamos a hacer caso a nuestros sueños, ellos reaccionan ante nuestra atención. Entonces observamos su reacción y nosotros reaccionamos también.

Algunos psicólogos han teorizado diciendo que los sueños no se tienen que examinar de esta manera, que el hacerlo puede dañar la psique. Según mi experiencia, no tenemos que preocuparnos de que podamos dañar el proceso natural de desarrollo. El inconsciente parece encargarse de ello automáticamente. Si el soñante no está preparado para recibir una nueva pieza de autoconocimiento, él o ella puede analizar los sueños y jamás detectar el elemento crítico. Pasa por su lado como si no lo hubiera visto.

Ello es debido a que el inconsciente es precisamente eso: no consciente, es decir, aquello de lo que todavía no somos capaces de ser conscientes.

Hace años, un amigo mío asistió a una reunión semanal de sueños, dirigida por un analista junguiano especialmente mágico, que aquí llamaré Theodore. Una noche contó al grupo un sueño propio que había tenido recientemente. Mi amigo tuvo una intuición sobre el sueño y pudo ayudar a Theodore a comprender de qué iba el sueño. La explicación inmediatamente tuvo sentido para Theodore. Él sabía que era importante, y se repitió a sí mismo la explicación varias veces.

Más tarde esa misma noche, le preguntó a mi amigo si le podía repetir lo que le había dicho sobre el sueño. Se le había olvidado completamente. Tan pronto como escuchó la explicación, dijo: «Claro, claro», y la repitió en voz alta para sí mismo. Un poco más tarde, con una cierta turbación, de nuevo le pidió a mi amigo si podía repetir la explicación. Finalmente, cuando todo el mundo estaba empezando a marcharse al final de la velada, Theodore lastimosamente le preguntó si le importaría repetírselo por última vez. Está claro que cuando algo es inconsciente, es muy difícil hacerlo consciente.

TRABAJAR CON LOS SUEÑOS

Hasta el momento ninguna medida de escepticismo y crítica ha hecho que considerara los sueños como algo insignificante. Muchas veces parecen no tener sentido, pero somos obviamente nosotros quienes carecemos del juicio y del ingenio necesarios para descifrar el enigmático mensaje...[13]

Respete sus sueños. Es más importante anotarlos y revisarlos que descifrar su significado. Los sueños están tan llenos de sentido que es improbable que lleguemos a agotar por completo el significado incluso de un solo sueño. Éste es el resultado inevitable de su procedencia del inconsciente. Cualquier sueño aporta material del que podemos ser conscientes, otro que se halla al borde del consciente, y también material tan alejado del consciente que puede que nunca lleguemos a saber por qué está presente en el sueño.

Cualquier persona u objeto en un sueño puede representar o bien a esa persona u objeto real, o puede ser utilizado como símbolo de alguna cualidad contenida en esa personalidad. Pero normalmente asumimos la segunda posibilidad cuando trabajamos con los sueños, puesto que habitualmente los sueños se expresan en términos simbólicos. Cuando uno ha trabajado suficiente con los sueños, va afinando la intuición y sabe cuándo nos hablan objetivamente en lugar de simbólicamente.

Escoja las personas y objetos de sus sueños y considérelos símbolos. Es decir, busque todo aquello que asocia con esa persona u objeto. Intente determinar primero qué asociaciones tienen mayor importancia para usted, pero no ignore el resto. No está intentando reducir el sueño a una única explicación: más bien está intentando «ampliarlo» hasta que empieza a resonar en su interior de una manera vigorosa. Recuerde que los sueños reales empezaron con nuestros antepasados

---

13. Carl Jung, *The Collected Works,* vol. 16: The Practice of Psychotherapy, Princeton, Princeton University Press, 1985, pág. 325.

mamíferos y que tienen sus raíces en las emociones. De acuerdo con ello, confíe en sus emociones para juzgar si se encuentra en el buen camino. No deje que su mente racional le fuerce a aceptar una conclusión con la que sus sentimientos no están de acuerdo.

Es útil tener un buen diccionario para buscar la etimología de la palabra que describe un objeto o acción del sueño. Eso no contradice lo que acabo de decir sobre confiar en las emociones con preferencia a los pensamientos al trabajar con los sueños: no está buscando una única definición del símbolo de su sueño; está buscando el desarrollo histórico de un sueño. Las palabras son verdaderos símbolos, contienen toda su historia en su interior. Si esto suena raro, simplemente inténtelo durante un tiempo y vea si con ello no se esclarece muchas veces un sueño que de otro modo quedaría inexplicado.

> La primera vez que aparece un sueño, puede parecer super-
> ficial y trivialmente repetitivo. La segunda puede ser un mes
> más tarde o cuarenta años después. Existencialmente se trata
> del mismo sueño... A medida que continúa el proceso, el
> sueño puede finalmente ser tan breve que consiga expresar-
> se con una sola nota, un hiato entre el soñante y la forma
> medio oculta, un rostro relacionado con un sonido y des-
> pués la oscuridad. Es casi imposible describir un sueño así
> mediante el lenguaje; se trata de un jeroglífico.[14]

Asimismo, debido al lenguaje simbólico de los sueños, muchas veces se expresan con juegos de palabras o bromas. Por ejemplo, el investigador pionero del tema de los sueños, el doctor Henry Reed, realizó en una ocasión un estudio sobre los sueños donde aparecían zapatos. Descubrió que con mucha frecuencia ocurrían en un punto crítico de transición en la vida de una persona, cuando necesitamos examinar «allí donde ponemos los pies,» nuestra perspectiva básica de la vida. Es decir, nuestros zapatos son el punto donde ponemos los pies, por lo tanto son la base sobre la cual nos apoya-

---

14. Grossinger, en *Dreams are Wiser than Men*, pág. 205.

mos. Si esto suena un poco ridículo, inténtelo la próxima vez que sueñe con zapatos.

Tomemos otro ejemplo (sólo un ejemplo, no asuma que se puede poner una etiqueta fija a un símbolo onírico): un motivo habitual de los sueños es verse desnudo. Juguemos un poco con eso. Estamos desnudos, desvestidos, expuestos. Ah, quizá esta última palabra nos recuerda algo. Quizá hemos revelado demasiadas cosas y nos sentimos «expuestos» en nuestra vida. Pero, naturalmente, todos los detalles de la situación añaden más peso al significado. ¿Estaba solo y desnudo en el sueño? ¿Rodeado por otras personas? ¿Sentía turbación en el sueño? ¿O se sentía relajado y cómodo en su desnudez?

Un paciente una vez soñó que estaba extrayendo nabos de la tierra de un planeta extraño. Al ir discutiendo el sueño, se dio cuenta de que la palabra nabo (*turnip* en inglés) era un juego de palabras para «turn-ups» (lo que se desentierra o saca a la luz), es decir, eso que estaba surgiendo del suelo del inconsciente en su sueño. Los juegos de palabras ocurren con tanta frecuencia en los sueños que es importante intentar localizarlos constantemente. No obstante, cada persona tiene su propio vocabulario onírico, y las personas varían mucho en el tipo y frecuencia de las combinaciones de palabras.

Recuerde el descubrimiento de Jung de que los sueños muchas veces repiten temas mitológicos. Si algún elemento de su sueño le recuerda a un mito (o cuento de hadas), léalo y vea si no le ayuda a explicar el sueño. A veces la estructura de un sueño será tan similar a un mito particular que resultará obvio. En esos casos, sirve de ayuda comparar cuidadosamente su sueño con el mito para ver en qué varía su versión personal. El mito le dará una idea del problema general con el que está tratando. Sus variaciones personales le dirán mucho sobre su punto de vista personal sobre el problema.

El conocido terapeuta familiar Carl Whitaker se basó en esta función del inconsciente para trabajar con nuevos pacientes. Una de sus herramientas favoritas era sentarse con una familia y contarles «cuentos de hadas fracturados.» Al principio, los miembros de la familia pensaban que estaban escuchando una historia tradicional, pero de alguna manera las cosas se iban volviendo más y más distorsionadas a medida que Whitaker hablaba. Whitaker confiaba en su inconsciente para escoger el relato adecuado y restructurarlo para que se adecuara a la situación. Lo que salía era siempre la historia de la familia que estaba tratando, aunque tan escondida tras la metáfora, que afectaba a los miembros de la familia de manera inconsciente en lugar de consciente.

Confíe en sí mismo cuando sienta que un sueño es significativo; si cree que es importante, normalmente suele serlo. Sin embargo, lo opuesto ya no está tan claro. A veces un sueño muy importante parece que no lo es porque no queremos enfrentarnos al tema del que trata el sueño. En tales casos, dése un tiempo y no se obligue a enfrentarse con el tema si no se siente cómodo. No obstante, tenga en cuenta que en un momento determinado puede que quiera revisar sueños anteriores. Cuando lo haga, puede asustarse al ver lo realmente importantes que eran unos sueños aparentemente inocuos.

Por ejemplo, cuando un terapeuta estaba empezando a descubrir la psicología junguiana, se convirtió en un «auténtico creyente,» como muchos otros que se convierten a una «nueva fe.» En esa época, soñó que era un vendedor de discos psicoanalíticos fundamentalistas. Sería difícil escoger una imagen mejor de una actitud consciente distorsionada. Pero en esos momentos él no tenía ni la más remota idea de lo que el sueño indicaba.

Pruebe maneras inusuales de conectar con el sueño. Puede cerrar los ojos e intentar regresar al sueño. Si lo consigue, vuelva a alguna parte del sueño que le dejó confuso y siga a partir de allí. Ésta es básicamente la técnica que Jung creó (al menos en el mundo occidental moderno), y que él llamó imaginación activa. Esto parece un término singularmente apto porque, por desgracia, a la mayoría de nosotros nos han enseñado a desdeñar la fantasía, las ensoñaciones, la propia imaginación, como pérdidas de tiempo. La idea de que la imaginación y la fantasía puedan ser activas es algo muy ajeno al pensamiento occidental moderno.

Existen muchas variaciones de esta técnica; por ejemplo, puede mantener un diálogo con las personas u objetos que han aparecido en el sueño. Una buena manera de hacerlo es utilizar la técnica de las «dos sillas» que inició Fritz Perls, el fundador de la psicoterapia gestalt. Coloque dos sillas una frente a la otra, después siéntese en una e imagine que la persona (u objeto) del sueño está sentada en la otra silla. Dígale todo lo que se le pase por la cabeza. Después

pase a la otra silla y póngase en la piel de esa otra persona (u objeto). Respóndase a sí mismo. Vaya cambiando de silla para ir continuando el diálogo. Verá como resulta mucho más fácil de lo que se
pudiera imaginar. Si utiliza esta técnica, puede grabar la sesión
y después transcribirla en su diario.

También puede olvidarse del magnetofón y apuntar el diálogo
sobre papel. En primer lugar pruebe a relajarse. Si sabe meditar,
hágalo durante un instante para centrarse. Si no sabe cómo hacerlo, éste es un sistema fácil: primero siéntese cómodamente y cierre
los ojos. Tome conciencia de los pies, sin hacer caso del resto del
cuerpo. A partir de allí, pase la conciencia a la parte superior de la
cabeza. Después al centro del pecho. Vaya trasladando la conciencia a otras partes del cuerpo hasta que se sienta cómodo ubicándo-
la allí donde desee. Después, con suavidad, experimente todo el
cuerpo como una unidad. Descubrirá que la respiración enlentece
y se va haciendo más profunda a medida que avanza en este proceso, para el que sólo necesitará unos momentos.

Después entable un diálogo con una persona (u objeto) del
sueño, igual que con la técnica de las dos sillas. Excepto que en este
caso puede anotar ambos lados del diálogo sobre el papel. Yo pre-
fiero hacerlo con un ordenador. Otros puede que prefieran papel
y pluma. También podría dibujar, pintar o esculpir su sueño. Al
contrario de lo que se cree, ello muchas veces resulta más fácil si
tiene poca o ninguna capacidad artística. O pruebe a poner un
nombre al sueño, como si fuera un relato breve o una obra de teatro. Puede ahondar en el proceso y dividir el sueño en actos, hacer
una lista de los protagonistas y de la acción, etc. Esto suele ser muy
útil porque los sueños se prestan a estos trucos escenográficos.

En resumen, existen muchísimas maneras de ayudar al trabajo
con los sueños. Trataremos un poco más sobre aspectos específicos
de los sueños en capítulos posteriores. Pero lo más importante es
recordar el sueño y anotarlo. Si no lo hace así, no es posible hacer
nada más.

Los sueños forman un registro del proceso de individuación. En
el siguiente capítulo abriremos una discusión sobre el punto de partida de ese proceso: el concepto junguiano de los tipos psicológicos.

Capítulo 4

LOS TIPOS PSICOLÓGICOS

... Como los hechos demuestran que el tipo de actitud es un fenómeno general que tiene una distribución al parecer aleatoria, no
puede tratarse de un tema de juicio o intención consciente, sino
que tiene que ser debido a alguna causa inconsciente, instintiva.

CARL JUNG

En el capítulo 1 hablamos de cómo Jung se dio cuenta de que el descubrimiento por parte de Freud del complejo de Edipo demostraba
que los hombres y mujeres modernos seguían repitiendo los temas
de la mitología clásica en sus propias vidas y esto se reflejaba en sus
sueños. Él quería ir más allá del ejemplo inicial de Freud para
ampliar los límites de la psicología «alejándose de la inmensa confusión del presente para echar una ojeada a la continuidad de la historia»[1]. En lugar de ello, vio que Freud se sentía cómodo quedándose
en la teoría del complejo de Edipo, que pronto cristalizó en dogma.

_____

1. Carl Jung, *Collected Works*, vol. 5, 1.

Con su gran bagaje de conocimientos, que abarcaba muchos temas diferentes, Jung estaba mejor equipado que Freud para explorar este nuevo territorio, y lo hizo él solo, esperando poder demostrar su tesis a Freud. No obstante, como ya vimos en el capítulo 1, cuando Jung publicó *Símbolos de transformación*, que demostraba el paralelismo entre las fantasías de una mujer contemporánea y una gran variedad de temas mitológicos, ello resultó excesivo para Freud y rompió su relación con Jung.

Jung no fue el primero, ni el último, de los discípulos de Freud en rechazar a éste o ser rechazado por Freud. Freud era una figura paterna formidable que tendía a considerar a sus seguidores como a sus hijos. Esa actitud forzó con el tiempo a muchos de los psicoanalistas más independientes a romper con Freud para encontrar su propio camino en la vida. Dos años antes de la ruptura de Jung con Freud, Alfred Adler se marchó por la insistencia de Freud sobre la sexualidad como el motivo subyacente de la conducta humana. Adler era también insistente al decir que el impulso primario era el del poder, como compensación de sentimientos de inadecuación (complejo de inferioridad).

Después de ser «excomulgado» de la pequeña comunidad psicoanalítica, Jung intentó comprender por qué él y Freud habían discrepado tanto. ¿Cómo podía que ser que tanto Freud como Adler insistieran sobre una única fuerza motivadora? Jung, al contrario, creía que tenemos múltiples instintos que nos van impulsando por la vida. La sexualidad y el deseo de poder son impulsos innatos, pero ninguno de ellos necesariamente excluye a los otros. Ni tampoco se trataba únicamente de impulsos. Siempre creyó que existía una llamada del espíritu que determinaba el curso de nuestra vida, y no pensaba que el espíritu fuera necesariamente más débil que los impulsos instintivos. Si lo fuera, nunca habríamos construido ninguna catedral.

EL TIPO INTROVERTIDO Y EL EXTRAVERTIDO

Jung iba a descubrir la relación entre el instinto y el espíritu en los arquetipos del inconsciente colectivo, cada uno de los cuales se extendía desde el reino más elevado al más bajo de la experiencia humana. No obstante, era también interesante que Freud y Adler se sintieran inconscientemente atraídos hacia «dioses» opuestos, mientras que Jung siguió siendo politeísta. A Jung le parecía evidente que los seres humanos están tirados y empujados por una multitud de fuerzas que no se pueden reducir necesariamente a una sola. Ello le llevó a buscar modelos históricos de carácter humano que pudieran explicar por qué existen personas tan diferentes como Freud y Adler (y Jung). Al igual que las invariantes cognitivas son estructuras eternas a través de las cuales la mente humana filtra la realidad, Jung llegó a sentir que existía una reducida cantidad de tipos humanos eternos.

Por ejemplo, Freud veía a la humanidad como eternamente desgarrada entre el principio de placer y el principio de realidad. Es decir, todos queremos satisfacer nuestra necesidad de placer, especialmente el de carácter sexual, pero la realidad pone límites a nuestra capacidad para satisfacer esas necesidades. Claramente la opinión de Freud pone énfasis en el mundo exterior, en los placeres que están «ahí fuera», y en las restricciones de «ahí fuera» (aún en el caso de que las restricciones externas se hayan convertido en internas).

Adler, al contrario, consideraba que la humanidad sufría de sentimientos de inferioridad de un tipo u otro. Para compensar ese complejo de inferioridad, intentamos conseguir poder. Al sentirnos poderosos, podemos borrar nuestros sentimientos de inferioridad. Está claro que la opinión de Adler pone el énfasis en el mundo interior, en nuestra respuesta subjetiva a los acontecimientos exteriores.

Naturalmente, cualquier evento se puede contemplar desde ambos puntos de vista. Podemos examinar lo ocurrido en el mundo exterior, o podemos examinar lo que sintió la persona acerca de esos acontecimientos. Jung se dio cuenta de que cada uno de nosotros tiene una predisposición hacia uno de estos dos enfoques en la vida. Un tipo de persona instintivamente se hace atrás cuando el mundo se le acerca, otro instintivamente se acerca a ese mundo exterior. Jung denominó al movimiento hacia el mundo exterior extraversión (del latín «extra», exterior, y «exterus», hacia fuera), y a la retirada hacia uno mismo introversión (del latín «intro», hacia dentro). Un extravertido es la persona cuya actitud primordial hacia la vida es extravertida; un introvertido es una cuya actitud es introvertida.

Ambas actitudes son tan básicas que es imposible descubrir cualquier forma de vida tan primitiva que no muestre evidencia de ambos tipos de conducta. Una ameba considera a todo lo que se encuentra en el mundo como alimento o como enemigo. Ataca y se traga el alimento y huye del enemigo. Podemos considerar la primera conducta como un movimiento hacia el mundo exterior, la última como una retirada del mundo. Los animales más evolucionados poseen los mismos instintos. En los últimos años, los estudios realizados por Hans Selye sobre los efectos del estrés han demostrado como, bajo estrés, nuestros cuerpos producen sustancias químicas que nos preparan para luchar o para huir. Como en la mayor parte de las situaciones estresantes del mundo actual no podemos hacer ni una cosa ni la otra, no tenemos salida para esa inyección extra de energía y nos quedamos alterados y ansiosos gran parte del tiempo.

Aunque todos somos capaces de escoger cualquiera de las dos reacciones ante el mundo cuando una situación así lo exige, preferimos, con diferencia, una a la otra. La ruidosa fiesta que a un extravertido le encanta resulta un infierno para un introvertido. El amor del introvertido por lo familiar es un aburrimiento mortal para el extravertido. Cuando los introvertidos se cansan, tienen que irse a algún lugar ellos solos para recargar las pilas. Y al contrario, los extravertidos tienen que encontrarse con gente o cosas para poder animarse de nuevo.

Muchos tests psicológicos de personalidad actuales utilizan medidas de extraversión e introversión, pero las consideran desde el punto de vista estadístico. Es decir, que estos tests asumen que todo el mundo tiene cierto grado de extraversión y de introversión, pero que la mayoría de personas tiene una mezcla bastante igualada de ambas cualidades. Las personas que son fuertemente introvertidas o extravertidas se consideran un porcentaje estadísticamente pequeño de la población.

Esta perspectiva destruye el concepto junguiano. Jung no creía que alguien tenga que ser tan odiosamente extravertido como el proverbial vendedor de coches usados para ser un tipo extravertido, ni tan retraído como un erizo para ser un introvertido. Éstos son los dos extremos que en los tests de personalidad dan extravertido e introvertido.

Al igual que con tantos otros temas, Jung vio mucho más allá de las características de la conducta exterior, que resultan obvias. Para resumir: la extraversión es un dirigirse hacia el mundo para reponer energía, la introversión la busca en el interior de la psique. La mayoría de nosotros encajamos claramente dentro de una u otra categoría, independientemente de los extremos de comportamiento que indican los tests psicológicos.

El motivo por el cual esta distinción es tan decisiva es que los introvertidos comparten un gran número de características que contrastan con las de los extravertidos, sólo por el hecho de ser introvertidos, independientemente de cuál sea su grado de introversión. Sin embargo, debido a que con frecuencia nuestra conducta es más una evidencia de las restricciones sociales que de una preferencia personal, muchas veces es necesario dirigirse hacia los sueños de la persona para descubrir si realmente es de tipo introvertido o extravertido. Si el soñante tiene conflictos frecuentes con una persona introvertida, él o ella es un extravertido, y viceversa. Ello es debido a que la actitud no desarrollada se ha retraído hacia el inconsciente y ha adoptado diversas formas personificadas. (Hablaremos de ello en mayor profundidad en el capítulo siguiente dedicado a la sombra.)

LAS CUATRO FUNCIONES

Obsérvese cómo el concepto junguiano de introvertido y extravertido viene a mano para explicar la oposición entre Freud y Adler sobre los impulsos humanos primarios. No obstante, no explica la diferencia de Jung con respecto a ambos. Debido a que el propio Jung era tanto un introvertido como un pensador brillante que se sentía algo incómodo con sus sentimientos, al principio tendía a equiparar la introversión con el pensamiento, la extraversión con el sentimiento. Le llevó a Jung casi diez años darse cuenta de que las diferencias entre introvertidos y extravertidos no eran el alfa y el omega de la personalidad humana. Gradualmente se fue dando cuenta de que el pensamiento y el sentimiento eran dimensiones diferentes de la personalidad, que eran independientes de si una persona era introvertida o extravertida.

Una vez libre de pensar en otras divisiones que no fueran la introversión y la extraversión, pronto vio que muchas personas se acercan a la vida no a través del pensamiento ni tampoco del sentimiento, sino de la propia sensación. (Las capacidades lingüísticas de Jung resultaron ser una herramienta útil, porque en el idioma natal de Jung, el alemán, sentimiento y sensación no se distinguen demasiado bien y por tanto se confunden fácilmente.) No obstante, parecía quedar una cuarta cualidad que no se distinguía claramente del sentimiento en ninguno de los idiomas occidentales, pero que a Jung le parecía cualitativamente diferente de éste, y que él llamó intuición.

La distinción que Jung utilizó fue limitar la sensación a la información que recibimos a través de los sentidos: vista, oído, gusto, etc. Utilizamos la intuición cuando recibimos información directamente del inconsciente, saltándonos la percepción sensorial. Como de todas maneras toda sensación radica en nuestro interior, la distinción no está tan marcada como pudiéramos imaginar.

Así pues, además de los dos tipos de actitud, introversión y extraversión, Jung tenía ahora cuatro funciones que utilizamos para relacionarnos con el mundo: pensamiento, sentimiento, sensación e intuición. La sensación y la intuición son funciones perceptivas. Las utilizamos para adquirir datos que después procesamos mediante el pensamiento y el sentimiento. El pensamiento identifica y clasifica la información que hemos adquirido mediante la sensación o la intuición. El sentimiento le asigna un valor; nos dice qué cosas son valiosas.

Como tanto el pensamiento como el sentimiento se pueden aplicar con razonamiento y discriminación, los denominó funciones racionales. Jung reconocía que tenemos una predisposición para equiparar razón con pensamiento, y descartamos el sentimiento como irracional, debido a que lo confundimos con su contraparte física: la emoción. Pero los sentimientos (al menos tal como Jung los definía) no son emociones. Una persona con una función de sentimiento claramente definida puede atribuir un valor a algo con el mismo razonamiento y clara distinción que el mejor pensador puede utilizar para colocar algo dentro de una categoría mental apropiada.

La sensación y la intuición, por otro lado, son funciones irracionales. Son nuestras ventanas al mundo, y como tales aportan los datos que el pensamiento y el sentimiento necesitan para funcionar. En nuestra época excesivamente racional, etiquetar algo como irracional equivale a condenarlo de antemano. Jung no tenía ninguna intención de darles connotaciones peyorativas cuando denominó a la sensación y a la intuición funciones irracionales. Cada función tenía un propósito y cada una de ellas era igualmente válida cuando era utilizada para su propósito correspondiente. Cada una de ellas quedaba asimismo invalidada cuando se la utilizaba para sustituir inadecuadamente a otra función.

Dénse cuenta de que las cuatro funciones se pueden dividir fácilmente en dos pares complementarios: pensamiento frente a sentimiento, sensación frente a intuición. El pensamiento y el sentimiento se excluyen mutuamente: no se puede clasificar algo en categorías y al mismo tiempo otorgarle un valor. Tenemos que hacer una cosa u otra. Tampoco podemos utilizar nuestros sentidos para recabar información al mismo tiempo que miramos hacia nuestro interior para intentar vislumbrar lo que va a ocurrir. Como todos tendemos a seguir haciendo aquello que nos sale mejor, nos decidimos por una u otra de las cuatro funciones y la convertimos en nuestra función superior. La función opuesta pasa forzosamente al inconsciente. Jung la denominó función inferior.

LA FUNCIÓN INFERIOR

Hablaré más extensamente de las cuatro funciones, pero veamos primero brevemente la función inferior. Pongamos que somos del tipo pensamiento (con ello quiero decir alguien cuya función superior sea el pensamiento). Como lo sabemos utilizar bien, casi siempre preferimos pensar antes que sentir. Incluso sustituiremos el sentimiento por el pensamiento en situaciones que claramente sugieren que lo indicado sería el sentimiento. Nuestra función de sentimiento, que ya desde un principio no marchaba demasiado bien, va empeorando por su falta de utilización.

Sin embargo, como necesitamos algo en lo que pensar, nos vemos empujados a utilizar o bien la sensación o bien la intuición para pertrecharnos de la materia prima que nuestra función de pensamiento refinará hasta conseguir un metal de primera calidad. Probablemente nos decidiremos casi siempre por alguna de las dos (sensación o intuición), pero no existe un conflicto inherente entre cualquiera de ellas y nuestra función superior de pensamiento. Aunque no podemos percibir e intuir a la vez, cualquiera de las dos cosas encaja cómodamente con el pensamiento. Por lo tanto, es posible que con los años vayamos desarrollando tanto la sensación como la intuición hasta un elevado nivel, aunque siempre al servicio de la función superior: el pensamiento.

Mientras que las tres funciones (en este caso pensamiento, sensación e intuición) son utilizadas conscientemente, la función inferior, la del sentimiento, se ha convertido en inconsciente. Llegamos incluso a dejar de darnos cuenta de que es posible sentir algo. Cuando las circunstancias nos fuerzan de manera absoluta a sentir, nuestros sentimientos están contaminados con todo tipo de materiales inconscientes, tanto buenos como malos. En momentos de debilidad, el inconsciente se desborda de nuestra función inferior y nos inunda. Nuestra función inferior se convierte entonces en nuestro portal de entrada al inconsciente, y el inconsciente es la fuente de todo lo que es mágico y maravilloso en la vida.

Si Freud hubiera tenido razón y nuestro inconsciente consistiera en nada más que recuerdos reprimidos, no sería mágico. Pero no la tenía: debajo de esos recuerdos reprimidos (el inconsciente personal), existe una enorme cueva, dinámicamente autorregulada, de recuerdos colectivos. Al parecer no tiene límites de tiempo ni de espacio; supuestamente puede extenderse hacia el futuro así como hacia el pasado. En tiempo presente nos puede proporcionar información sobre acontecimientos que ocurren a miles de kilómetros de distancia. El inconsciente colectivo nos conecta con todos y con todo lo que existe o jamás ha existido, y quizá que existirá. (Hablaré más sobre el tema en el capítulo dedicado al Self.)

Todo sentimiento espiritual, toda revelación mística, toda experiencia creativa, proviene del inconsciente colectivo. Si existe o no un dios que esté más allá de esa experiencia es una cuestión metafísica que todos nos tenemos que contestar en algún momento u otro de la vida. Pero no se puede negar la calidad numinosa de nuestra experiencia del inconsciente colectivo a través de la función inferior.

Numinoso es una palabra acuñada por el teólogo Rudolph Otto,[2] que viene del latín «numen», que significa energía o genio creativo. Otto quería una palabra que expresara el sentimiento de temor reverencial y misterio que todos experimentamos en diversos momentos de la vida. Independientemente de nuestras creencias religiosas (o la falta de ellas), invariablemente experimentamos el inconsciente colectivo como numinoso. Puede ser numinoso y terrorífico, numinoso y protector, numinoso y abstracto, pero siempre numinoso. Ésta es una señal indefectible de que estamos tratando con un aspecto de la realidad que va más allá de lo humano.

En su opúsculo *The Inferior Function*,[3] la distinguida colega de Jung, Marie-Louise von Franz, dice que la función inferior conlleva una enorme carga emocional. Ello es debido a que contiene toda la energía que ha sido desviada hacia el inconsciente cada vez que el consciente se mostraba incapaz de enfrentarse a algo. Por ello las personas se vuelven muy emocionales cuando tocan su función inferior. Ello puede resultar negativo, pero también ofrece la esperanza de poder desenterrar un tesoro de profundidades emocionales que antes habíamos negado o descuidado.

Igual que a veces resulta difícil decidir si una persona es introvertida o extravertida, también puede ser difícil determinar su función superior. Ello es especialmente cierto si tienen una función secundaria muy desarrollada. En ese caso, es más fácil encontrar la función inferior y deducir la superior. El truco consiste en encontrar qué función le resulta más difícil a la persona utilizar con éxito.

Por ejemplo, si dudamos de si una persona es del tipo pensamiento o sensación porque maneja bien ambas funciones, descu-

2. Rudolf Otto, *The Idea of the Holy*, Londres, Oxford University Press, reedición en rústica, 1958.
3. Marie-Louise von Franz y James Hillman, *Jung's Typology*, Dallas, Texas, Spring Publications, 1971.

bramos qué le resulta más irritante, si alguien que aporta sentimientos a temas que deberían ser desapasionados, o bien alguien que nos sale con grandes teorías. Si la intromisión de sentimientos resulta más molesta, es que es del tipo pensamiento. Si lo que le desagrada son las grandes teorías (una señal de un intuitivo), esta persona es el tipo sensación.

Si la persona no está segura, pídale que se imagine que está muy cansada. ¿Qué pasaría si alguien le viniera con un problema personal (sentimiento) o le pidiera que le diera una opinión instantánea sobre un proyecto (intuición). ¿Cuál le resultaría más frustrante? A veces sirve de ayuda llevarlo al plano personal: haga que la persona le describa a alguien realmente irritante. Casi siempre esa persona será la representante de la función inferior. Diré algo más sobre el tema en el siguiente capítulo, cuando trate del arquetipo de la sombra.

Si todo lo demás falla, los sueños le aportarán la respuesta, con el tiempo. La función inferior se suele personificar de manera muy poco halagadora en los sueños. Por ejemplo, en la primera fase de un análisis junguiano, un intuitivo soñó que tenía que pasar entre unas criaturas semihumanas que carecían de frente, sentadas por allí, en el suelo, mordisqueando comida, sin prestar atención a la porquería que las rodeaba. Ésa era una versión onírica de la sensación, como sólo un tipo intuitivo podría imaginarla.

EL CAMINO DE LA INDIVIDUACIÓN

Es fácil no comprender bien el propósito de Jung al desarrollar una teoría sobre tipos psicológicos. Podríamos considerarlo un intento por parte de Jung de clasificarnos a todos en pequeñas casillas y negar nuestra indivualidad. Sin embargo, la intención de Jung era exactamente lo contrario. Freud tenía un único camino de desarrollo que se suponía que todos deberíamos seguir. Aquellos que no lo hacían eran unos neuróticos. Por desgracia, como Freud era un extravertido, su vía de desarrollo era un camino extravertido. Por ejemplo, cuando Jung estudió las características de las personas que

Freud consideraba «narcisistas,» descubrió que algunas realmente estaban centradas en sí mismas y eran inmaduras. Pero otras eran simplemente introvertidas.

Jung se dio cuenta de que no podemos ni siquiera empezar a comprender el camino del desarrollo de nadie a menos que reconozcamos que las personas de diferentes tipos psicológicos crecen y se desarrollan de maneras diferentes. Los introvertidos y los extravertidos tienen caminos a seguir notablemente dispares. Cuando a ello le añadimos la variedad de las funciones de pensamiento y sentimiento, sensación e intuición, cada una de ellas con sus diferentes posiciones de salida en la vida, sería excepcional si las personas no se convirtieran en muy diferentes unas de otras, no porque se hayan desarrollado bien ni mal, sino simplemente porque ya eran diferentes desde que nacieron.

Ello es especialmente cierto debido a nuestra función inferior. Con trabajo y valentía podemos integrar las dos funciones secundarias en nuestra personalidad. No obstante, no es posible integrar en su totalidad nuestra función inferior porque ella es la que nos conecta con el grueso del inconsciente colectivo. Por lo tanto, probar a integrar la función inferior es como intentar tragarnos el mar: no se puede hacer.

Por ejemplo, los intuitivos nunca lograrán integrar del todo la función de sensación en su totalidad. Siempre sentirán un cierto grado de incomodidad cuando tengan que tratar con los «hechos» del mundo. La individuación, para los intuitivos, tiene que ser muy, pero muy diferente, que la de un tipo sensación introvertido (imaginemos a un programador informático). Pero ello no significa que los intuitivos tengan que evitar totalmente la sensación, más bien al contrario. Para los intuitivos, la sensación puede ser la llave que abre todos los misterios de la vida. La sensación puede ofrecer placeres que su intuición, con la que están más familiarizados, jamás les podrá aportar. Pero nunca sentirán esa gran comodidad al manejar la sensación como lo haría un tipo sensación.

No obstante, antes de hablar de «tipos intuición» y «tipos sensación», tenemos que examinar con mayor profundidad las características de los tipos psicológicos. Empecemos con una exposición más amplia de los introvertidos y extravertidos.

EL TIPO EXTRAVERTIDO

Ya hemos definido el tipo extravertido como orientado hacia el exterior en lugar de hacia el interior, objetivo en lugar de subjetivo. Los extravertidos se sienten totalmente cómodos con el mundo que les rodea porque, para los de su tipo, es el único mundo que existe. Ése es tanto el punto fuerte como el débil de su grupo. Para un extravertido es extremadamente difícil incluso darse cuenta del mundo interior. Cuando los extravertidos están quietos, no es porque sean conscientes de que están pensando, en absoluto. Los introvertidos no pueden ni tan siquiera imaginar no escuchar un continuo diálogo interior. Los extravertidos no son conscientes de este diálogo gran parte del tiempo porque sólo escuchan la información procedente del mundo exterior.

Los extravertidos no llegan jamás a considerar que ya han reunido suficiente experiencia del mundo exterior. Les gusta una realidad siempre cambiante, llena de colores, ruido, acción, novedad. Se sienten cómodos con la gente y les gusta estar con ella. Pero es curioso observar que los extravertidos suelen ser mucho menos conscientes de su propio cuerpo que los introvertidos. Jung dice que el cuerpo «no es lo suficientemente exterior» como para que ellos sean conscientes del mismo. Tienden a enterrarse bajo tareas de manera tan completa que muchas veces ignoran las necesidades que el cuerpo tiene de descanso y alimento. Cuando no solamente son extravertidos, sino también intuitivos, pueden olvidarse tanto de los mensajes que emite el cuerpo, que éste tiene que hablarles mediante la enfermedad.

Los extravertidos pueden estar tan sintonizados con su entorno, tan conscientes de las personas que encuentran allí, que se convierten en camaleones, cambiando de color para encajar con cada nuevo decorado. Los extravertidos están siempre en marcha, siempre dispuestos a actuar en cualquier situación social. Suben siempre un poco más el listón, le añaden más energía, más emoción. Escuchen una historia sobre pesca contada por un extravertido y otra por un introvertido. El relato del extravertido añade, adorna, embellece. Si en algún momento se deja la realidad a un lado, bueno, pues no pasa nada. Los introvertidos están bien al tanto de esta característica que poseen los extravertidos de ser la chispa de la fiesta.

No obstante, es importantísimo darnos cuenta de que como la actitud consciente es extravertida, existe una actitud introvertida de compensación en el inconsciente. Cuanto más se lanza un extravertido a sus alocados proyectos y relaciones en el mundo exterior, más se va formando una fuerza hacia la quietud y la reflexión en el inconsciente. Marie-Louise von Franz comenta que los «extravertidos, cuando alcanzan su otro lado, tienen una relación con el interior mucho más pura que el introvertido.» Y viceversa, ella señala que cuando un introvertido es capaz de contactar con su extraversión inferior, puede «difundir un brillo y convertir la vida... en un festival simbólico, ¡mucho mejor que cualquier extravertido!»[4]

Como ejemplo de este último caso, en una ocasión conocí a un programador informático genial (evidentemente un introvertido). Nunca decía dos palabras cuando una era suficiente, y si era posible prefería no decir ninguna. Y sin embargo nadie resultaba más divertido que él cuando había una celebración como la fiesta navideña de la oficina. Simplemente le encantaban esas ocasiones. Todos los años, para la fiesta, se ponía un gorro rojo y blanco de Papá Noel y repartía los regalos a todos. Podríamos pensar que se podía haber sentido totalmente turbado, ya que en la vida cotidiana toda exhibición de emoción era un tema tabú para él. Pero los acontecimientos simbólicos liberaban sus inhibiciones y se volvía tan alegre que liberaba a todos los que le rodeaban.

EL TIPO INTROVERTIDO

Los introvertidos son más tranquilos que los extravertidos. Con frecuencia una manera rápida de distinguir a un introvertido de un extravertido es la enorme cantidad de palabras que estos últimos utilizan. Los introvertidos prefieren, con diferencia, lo familiar a lo nuevo, les gusta que las cosas sigan igual. Normalmente se sienten

---

4. Marie-Louise von Franz y James Hillman, *Jung's Typology*, pág. 20.

más cómodos en su propia compañía que en la de otros. En situaciones donde conocen a personas nuevas, se sienten perdidos y fuera de lugar. Prefieren vivir las cosas en su propia mente antes de experimentarlas realmente en el mundo exterior.

En nuestra extravertida cultura americana, los introvertidos han sido considerados más bien peyorativamente. Las cosas son muy distintas en una cultura introvertida como la japonesa, donde miran con desaprobación a la extraversión. Tanto la manera introvertida como la extravertida de adaptación a la vida son normales: ambas funcionan. Como ya he mencionado, una de las cosas que originalmente empujó a Jung hacia sus conceptos de introversión y extraversión fue la censura por parte de Freud de las personalidades narcisistas. Jung se percató de que la etiqueta les encajaba a algunas personas que realmente eran narcisistas, pero que se les podía aplicar injustamente a otras simplemente porque su orientación era hacia el interior en lugar de hacia el exterior.

Para los extravertidos, los introvertidos siempre les parecerán egoístas y absortos en sí mismos porque están más interesados por el mundo interior que por el exterior. Para los extravertidos, es casi imposible imaginar cómo los introvertidos pueden negar los «hechos» del mundo exterior. Los extravertidos no son siempre conscientes de que esos hechos han sido coloreados por sus propios procesos interiores inconscientes. Los introvertidos son siempre conscientes de que todo lo que saben del mundo es cómo éste aparece en su propia mente.

Jung resumió la postura de los introvertidos de manera sucinta: «¡El mundo no existe únicamente por sí mismo, sino también como yo lo veo!»[5] Originalmente, la batalla entre la extraversión y la introversión fue abordada en primer lugar y de manera explícita por la filosofía. La versión filosófica de la introversión se llama la «postura idealista.» Tal como fue expresada en el siglo XVIII por el filósofo irlandés George Berkeley: «No experimentamos otra cosa que no

---

5. Carl Jung, *The Collected Works*, vol. 6: Psychological Types, 1971, Princeton, Princeton University Press, pág. 621.

sean los pensamientos que nos cruzan por la mente. Por lo tanto, eso es todo lo que podemos decir sobre la realidad. Insistir en que hay algo "ahí fuera" es una tontería. Todo lo que sabemos es lo que experimentamos "aquí dentro".»

Aproximadamente por la misma época, el filósofo escocés David Hume negó esa creencia básica de la postura extravertida: la causalidad. Sencillamente damos por sentado que una acción causa otra. Toda la lógica aristotélica está basada en silogismos (es decir, si A implica a B y B implica a C, entonces A implica a C.) Newton dijo que por cada acción existe una reacción igual y opuesta. O dicho de manera más simple: cada efecto tiene una causa. Hume destruyó la base de la causalidad al traspasar el argumento a la mente. Digamos que argumentamos que una pelota cambia de dirección cuando choca con un bate de béisbol, debido al choque con el bate. Hume insistiría en que todo lo que podemos afirmar es que la pelota chocó con el bate y que fue en dirección opuesta. Dos acontecimientos fueron relacionados en el tiempo y el espacio debido a nuestra sensación. Pero no existe ninguna necesidad lógica de demostrar que uno causó el otro.

Según esta perspectiva, el mundo real es el subjetivo, no el objetivo. Pues bien, un filósofo aún más importante, Immanuel Kant, apareció a finales del siglo XVIII y dio una respuesta precursora de la propia opinión de Jung. Kant dijo que existía un mundo exterior objetivo, pero que sólo lo podemos experimentar mediante el filtro que ofrece nuestra propia mente. Ya tenemos unas estructuras psíquicas innatas dentro de las cuales encajamos nuestras percepciones de la realidad. No podemos percibir la realidad excepto a través de esas estructuras. Y, naturalmente, ya nos hemos encontrado con esas estructuras en este libro bajo la terminología junguiana de arquetipos y mi propio término de invariantes cognitivas. Kant creía que ello era una limitación necesaria de la humanidad, que nunca podríamos conocer «das Ding an sich» (la cosa en sí misma).

Pero en realidad incluso la opinión de Kant se queda corta. ¿Cómo es que las invariantes cognitivas a través de las cuales filtramos la realidad encajan de manera tan admirable con la realidad? No es como si fuéramos tropezando con cosas que no vemos, o nos quemáramos al tocar objetos que parecen fríos. No, cuando experimentamos el mundo a través de las invariantes cognitivas, parece como si tuviéramos un mapa preciso de la realidad tal como la mente humana es capaz de percibirla. Las mismas invariantes cognitivas tienen que ser experimentadas de manera muy distinta por un pez, que tiene un entorno totalmente diferente, así como capacidades sensoriales diferentes a las de un ser humano. Pero las invariantes cognitivas del mundo interior y los objetos del mundo exterior tienen, de algún modo, que ser dos aspectos de la misma cosa.

Todos experimentamos el mundo exterior a través del mundo interior. Los extravertidos ignoran el proceso intermedio y actúan como si experimentaran el mundo exterior directamente. Los introvertidos se centran en el proceso interior. Debido a ello, los introvertidos son proclives al solipsismo (la creencia de que nadie ni nada existe excepto la persona que tiene ese pensamiento).

Un amigo mío del tipo introvertido me ha insistido diciendo que como es él quien percibe el mundo, y es él quien toma las decisiones sobre el mundo, consiguientemente no existe ningún mundo (para él) a no ser que esté pensando en él. Es difícil discutir con esta postura, pero un extravertido no se preocuparía, porque ningún extravertido se toma el mundo tan en serio. En la inmortal obra de Boswell, *Life of Johnson*, éste nos cuenta cómo Johnson (el extravertido de los extravertidos), cuando le comentaron la argumentación de Berkeley, dio un puntapié a una piedra cercana y proclamó solemnemente: «Así es como yo la refuto.»[6] Naturalmente no estaba refutando a nadie, puesto que sólo era en su mente donde sentía la sensación de dar el puntapié a la piedra, sólo en las mentes de los allí presentes se percibió el acto del puntapié a la piedra. La diferencia entre extraversión e introversión en estos temas es emocional, no lógica.

El introvertido sólo se siente cómodo con el mundo exterior una vez tiene preparado un modelo interior. Von Franz dice que Jung le contó el caso de un niño que no quería entrar en una habitación a

---

6. Louis Kronenberger, comp., *The Portable Johnson & Boswell*, Nueva York, Viking Press, 1947, pág. 125.

menos que supiera los nombres de cada mueble que ésta contenía.[7] Un introvertido una vez me dijo que se sentía francamente incómodo en una situación nueva donde pudiera presentarse alguna persona o concepto que no conociera antes y que no sabría cómo enfrentarse a ello. Otro introvertido me explicó que se sentía mucho más cómodo después de desarrollar un conjunto de estrictas reglas que utilizaba en situaciones sociales. Solamente adaptaba esas reglas en casos de necesidad perentoria.

Igual que la función inferior de un extravertido es la introversión, que atrae al extravertido hacia el mundo interior, la función inferior de un introvertido es la extraversión, que empuja al introvertido hacia el mundo exterior. Es importante que el introvertido llegue a experimentar realmente el mundo exterior y que no se parapete tras una barrera de experiencias interiores. En *El lobo estepario* de Hermann Hesse tenemos el clásico retrato de un introvertido empujado hacia el mundo sensual de la experiencia. En esa novela, un saxofonista simboliza la visión que tiene un introvertido del extravertido sensual. Actualmente lo podríamos sustituir por una estrella de rock.

Me imagino que, llegados a esta altura, el lector tiene un mejor conocimiento de las dos actitudes diferentes de ver el mundo. Él mismo debería poder decir con cierta confianza si él o ella es un introvertido o un extravertido, y probablemente también saber identificar las actitudes de muchas otras personas que resultan significativas.

En el resto de este capítulo pasaremos a una discusión más detallada de las cuatro funciones: pensamiento, sentimiento, sensación e intuición. Por último hablaremos de los ocho tipos psicológicos que obtenemos al combinar la actitud con la función. Naturalmente podríamos ir más allá y obtener dieciséis tipos combinando actitud con función superior y secundaria, ¡pero tenemos que detenernos en algún punto!

---

7.   Marie-Louise von Franz y James Hillman, *Jung's Typology*, pág. 3.

LA FUNCIÓN DE PENSAMIENTO

Las personas del tipo pensamiento les parecen frías a las del tipo sentimiento. Se acercan a la vida de forma desapasionada, con poca consideración hacia las emociones de los demás o las suyas propias. Les gusta el orden y la pulcritud y son excepcionalmente buenas disponiendo las cosas de manera lógica. Debido a ello, son relativamente inmunes a los problemas emocionales que ocurren a su alrededor. Pueden mantener en funcionamiento su mundo ordenado en medio del caos.

Si las personas del tipo pensamiento son asimismo extravertidas, la vida viene determinada por conclusiones racionales (reglas) basadas en datos objetivos (hechos). Debido a ello, los del tipo pensamiento extravertido se convierten en excelentes ejecutivos, hasta que se topan con el elemento humano, que consideran secundario a la lógica. Von Franz destaca que «este tipo se encuentra entre los organizadores, entre las personas que ocupan altos cargos en el gobierno y las empresas, en los negocios, en el mundo legal y entre los científicos.»[8]

Su moralidad está determinada por un conjunto de reglas estrictas y esperan que la gente se adhiera a ellas. Por esta razón encontramos a muchos reformadores del tipo pensamiento extravertido. Tienen un código firme sobre lo que está bien y lo que está mal, y van a ponerlo en marcha pase lo que pase. Por desgracia, los códigos lógicos tienden hacia el blanco o el negro, con pocos tonos grises, así que no queda mucho espacio para la debilidad humana en sus códigos morales. Más que cualquier otro tipo, los de pensamiento extravertido se inclinan hacia la máxima de que el fin justifica los medios. Como ejemplo, citar que hubo un exceso de tipos pensamiento extravertido en la jerarquía intelectual original del Partido Comunista.

La función inferior del tipo pensamiento extravertido no es sólo la introversión, sino más en concreto el sentimiento introvertido.

---

8. Marie-Louise von Franz y James Hillman, pág. 38.

Por lo tanto, cuando llegan a sentir algo, es posible que sientan emociones muy tiernas. Por desgracia, no es fácil que compartan esos sentimientos, porque están demasiado ocupados con sus carreras, pero ello no hace que los sentimientos sean menos fuertes. Es por eso por lo que los del tipo pensamiento extravertido son unos amigos tan fieles. Puede que sus sentimientos estén enterrados, pero son profundos y duraderos. Aunque están perfectamente dispuestos a cambiar de una idea a otra, son mucho más reacios a cambiar sus lealtades emocionales.

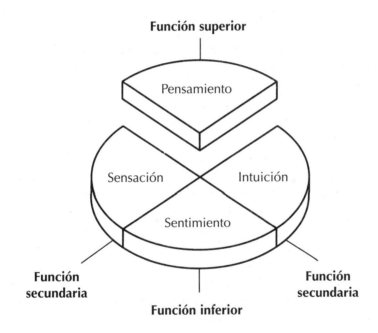

FIGURA 5

Tipo pensamiento. Si su función psicológica superior es la de pensamiento, también desarrollará como mínimo una de las funciones secundarias: sensación o intuición. No obstante, es imposible desarrollar totalmente la función inferior (sentimiento), que es su portal de entrada a los tesoros del inconsciente colectivo.

Si el tipo pensamiento es introvertido, estará orientado no tanto hacia los hechos como hacia las ideas. Si los hechos no encajan con la teoría, mala suerte para los hechos. Ésta es una postura con mucha fuerza y es por ello por lo que muchos de los que han cambiado el mundo con sus ideas han sido del tipo pensamiento introvertido. Pero también es una posición peligrosamente solipsista, en el sentido de que hay poca comprobación de la realidad. Como las personas del tipo pensamiento introvertido se basan en alguna idea arquetípica, es necesariamente verdad en el nivel más amplio, pero no siempre cierta en el nivel humano. Es muy difícil para el tipo pensamiento introvertido llegar incluso a comprender qué significa «cierto en un nivel humano.»

Jung clasificó de manera opuesta a Darwin y a Kant como, respectivamente, del tipo pensamiento extravertido e introvertido. Darwin se pasó décadas recogiendo hechos sobre la realidad física antes de que publicara *El origen de las especies*. Respaldó sus teorías con ejemplos y más ejemplos. Kant, al contrario, asumió que todo el conocimiento era su competencia en su *Crítica de la razón pura*.

El clásico ejemplo de un tipo pensamiento introvertido es el sabio distraído. Las personas del tipo pensamiento introvertido pueden llegar a ser tan poco prácticas y tan incapaces de adaptarse al mundo que se las puede explotar con facilidad. Ello es especialmente cierto si son hombres y en el caso de su relación con una mujer avezada en los asuntos mundanos. Algunos de ellos dicen que siempre se han sentido como extranjeros en este mundo. Los hombres de este tipo a veces tienen sueños donde alguna figura femenina los devora. Muchas veces los que han tenido éxito tienen a personas que les resuelven sus asuntos mundanos.

El sentimiento, su función inferior, no es capaz de ver las gradaciones de juicio. Las cosas son sí o no, calientes o frías, buenas o malas. Debido a que sus sentimientos están enterrados en el inconsciente, se mueven muy lentamente, casi como un glaciar. ¡Pero cuidado cuando entran en erupción! Es posible que la reacción de las personas que les rodean sea: «¿De dónde salió eso?»

LA FUNCIÓN DE SENTIMIENTO

Al igual que los valores de la introversión han sido criticados por nuestra cultura extravertida, el sentimiento y la intuición han sido considerados inferiores al pensamiento y a la sensación. La cultura occidental ha sido abrumadoramente masculina, y el pensamiento y la sensación han sido las funciones predominantemente masculinas. Ello no quiere decir que no haya mujeres que no desarrollen bien las funciones de pensamiento y sensación, u hombres que no tengan acceso a sus sentimientos e intuiciones. Pero en la mayor parte de culturas (y ciertamente en la occidental), los hombres y las mujeres tradicionalmente han aceptado roles especializados que han animado claramente a las mujeres a desarrollar las funciones de sentimiento e intuición, y a los hombres las de pensamiento y sensación.

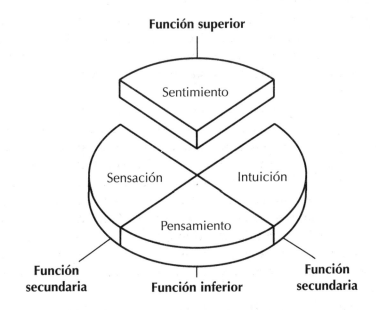

FIGURA 6

Tipo sentimiento. Si su función psicológica superior es la de sentimiento, también desarrollará como mínimo una de las funciones secundarias: sensación o intuición. No obstante, es imposible desarrollar totalmente la función inferior (pensamiento), que es su portal de entrada a los tesoros del inconsciente colectivo.

93

Un curandero medio cherokee medio irlandés que conocí una vez me dijo que la primera ley del universo era que «todo nace de una mujer.» Las mujeres gestan, tienen y crían a sus hijos, que son el futuro. Los hombres normalmente han sido meros apéndices en este proceso primario de la evolución humana. A lo largo de la historia, la mayoría de mujeres han concentrado sus energías en este rol primordial y han desarrollado las funciones psicológicas necesarias para llevarlo a cabo adecuadamente.

Evidentemente, primero tendrían que escoger a un buen compañero. En parte, las mujeres han utilizado las técnicas tradicionales que usan todos los animales: 1) hacerse atractivas para que más varones las deseen;[9] y 2) forzar a los hombres a competir entre ellos para seleccionar los machos dominantes como compañeros. No obstante, de manera mucho más marcada que cualquier otro animal, el hombre y la mujer también han aprendido a amarse el uno al otro. A diferencia de la gran mayoría de animales, las crías humanas son prácticamente indefensas durante muchos años. Necesitan que alguien las alimente, las vista, les enseñe, las proteja, etc. Las mujeres han asumido la mayor parte de estas responsabilidades con respecto a sus hijos, aunque han necesitado la ayuda de los hombres.

Al igual que nuestros parientes cercanos, los monos y los simios, la temprana humanidad solucionaba sus problemas reuniéndose en tribus que ofrecían alimento, refugio y protección para todos, especialmente para los niños. Las estructuras tribales gradualmente fueron evolucionando y convirtiéndose en estructuras familiares. En las culturas antiguas (como demuestran las actuales culturas tribales), las familias eran frecuentemente polígamas: las múltiples esposas de los machos dominantes mejoraban los recursos genéticos. Con el tiempo, la unidad familiar se fue haciendo más pequeña hasta que lo más frecuente fue el marido, la mujer y sus hijos. En la

---

9. En el reino animal, muchas veces son los machos los que se hacen atractivos para las hembras, lo cual demuestra que las cualidades asociadas con el género no son necesariamente fijas.

época actual, el concepto de familia ha llegado a ser increíblemente variado, como si estuviera intentando volverse a definir. El divorcio ha llevado, por un lado, a la familia monoparental; por el otro, a algo más cercano a la tribu, con unos hijos que tienen múltiples juegos de padres relacionados entre sí de manera compleja. Sin embargo, en prácticamente todas estas variaciones sobre el mismo tema, la madre sigue funcionando como el centro de la familia.

Debido a su rol primordial como madres, las mujeres tuvieron que desarrollar la función de sentimiento de manera muy sofisticada. Por ejemplo, está claro que una familia funciona mejor como unidad única y armoniosa. Para poder mantener esa armonía, la madre tiene que ser capaz de evaluar cuándo la unidad está funcionando de manera armoniosa y cuándo no. Entonces tiene que poder relacionarse con cada miembro de la familia individualmente, de tal manera que se garantice al máximo el mantenimiento de esa armonía. Tanto la evaluación como la interacción requieren una sutileza de sentimiento: la función de pensamiento es incapaz de tratar con tal complejidad de manera satisfactoria.

A pesar de que el argumento anterior indudablemente es cierto en gran medida, tampoco es toda la historia. El amor, tanto si es entre madre e hijo, o marido y mujer, no se puede reducir a una descripción tan clínica. Y cualquiera que haya observado alguna vez a los animales durante un período largo de tiempo sabe que los seres humanos no poseen el monopolio del amor. No obstante, el amor entre humanos es sin duda más complejo que el que tiene lugar entre otras especies.

Quizá el estudio a más largo plazo del desarrollo adulto fue el llamado Estudio Grant, que en el año 1937 seleccionó a varios hombres que «habían conseguido un buen nivel académico en una universidad de humanidades muy competitiva» (en realidad se trataba de Harvard). Se recopilaron extensas biografías y se pasaron unos tests psicológicos al principio del estudio ¡y a lo largo de los treinta y cinco años siguientes en que duró el estudio! Evidentemente, era de esperar que un estudio a tan largo plazo revelara muchas cosas que no se pueden descubrir en una investigación más limitada temporalmente. George E. Vallant resumió las conclusiones del estudio en su libro *Adaptation to*

Life.[10] Afortunadamente, Vallant tiene el don de traducir complejos temas psicológicos a términos humanos más sencillos.

Por ejemplo, Vallant dice: «Creo que la capacidad de amar es una facultad que existe a lo largo de un continuo... La capacidad de amar se parece más a una habilidad musical o a la inteligencia.» Concluye que «probablemente no existió una variable longitudinal que predijera la salud mental de manera tan clara como la capacidad de un hombre para seguir estando felizmente casado a lo largo de los años,» y: «No es que el divorcio sea algo peligroso o malo; sino que amar a las personas durante un largo período de tiempo es bueno.»[11]

Así que no descartemos sin más la función de sentimiento como inferior a la de pensamiento, especialmente no la función evaluadora claramente diferenciada de la que Jung denominaba con el término sentimiento.

En «La función de sentimiento,» James Hillman resume la postura de Jung cuando dice: «La función de sentimiento es ese proceso psicológico de nuestro interior que evalúa.»[12] Podemos adquirir información acerca del mundo o bien a través de nuestros sentidos o bien de la intuición. El pensamiento nos puede decir qué significa esa información, pero no nos puede decir lo que vale, cuál es su significado. Para ello es necesario el sentimiento. No es ninguna coincidencia que nuestra cultura, que sobrevalora el pensamiento y la sensación, se esté ahogando en información, pero que carezca de la capacidad de discernir lo que es importante entre toda esa información. Nuestro gobierno se va haciendo cada vez más grande, pero es incapaz de discriminar las prioridades basándose en algo que no sea una hoja de balance. Se responde a los nuevos desafíos con respuestas viejas, porque no sabemos evaluar qué problemas y qué soluciones son significati-

---

10. George E. Vallant, *Adaptation to Life: How the Best and the Brightest Come of Age*, Boston, Little, Brown & Company, 1977.
11. George E. Vallant, *Adaptation*, págs. 306-307, 359.
12. Marie-Louise von Franz y James Hillman, *Jung's Typology*, pág. 90.

vos. El sentimiento es un proceso exactamente igual de racional que el pensamiento, y en el momento actual lo necesitamos desesperadamente.

Las personas de tipo sentimiento tratan con los recuerdos; comprenden el presente al compararlo con el pasado. La gran detective de Agatha Christie, miss Marple, es el ejemplo perfecto: resuelve los misterios más espeluznantes al percatarse de similitudes entre la situación actual y pequeños acontecimientos de la vida del pueblo donde vive. La mayoría de hombres con los que se relaciona opinan que sus comparaciones son ridículas, pero siempre es miss Marple la que llega hasta la verdad emocional escondida dentro de la confusión que rodea los asesinatos.

Una persona de tipo pensamiento jamás podría hacerlo, porque ellas trabajan con categorías más claramente definidas. Las del tipo sentimiento son capaces de funcionar entre la confusión de la vida. Es por ello que el pensaminto no es adecuado para determinar el valor de algo. Siempre hay infinitos matices de valor, y sólo el sentimiento se puede adaptar con facilidad a esa falta de definición.

Las personas del tipo sentimiento extravertido son individuos sociales. Se sienten totalmente cómodas en cualquier situación social. No solamente hacen buenas migas con casi cualquier persona, sino que su mera presencia hace que todo el mundo se sienta igualmente cómodo. A veces pueden llegar a ser demasiado adaptables, demasiado dispuestas a decir lo que uno quiere oír, en lugar de lo que realmente creen. De hecho, puede que incluso se crean que lo que nos están diciendo es verdad, como mínimo durante el tiempo que se tarda en decirlo.

Para poner un ejemplo, un paciente solía quejarse de que nunca lograba conseguir que su jefe se atuviera a una decisión durante demasiado tiempo. A lo mejor entraba en el despacho del jefe y conseguía un acuerdo sobre algún tema. Diez minutos después, entraba alguna otra persona y el jefe se mostraba de acuerdo con exactamente lo contrario. Su manera favorita de tratar con cualquier solicitud de decisión era «archivarla»; su esperanza era siempre que las cosas se solucionarían solas si no se las importunaba.

Cuando se pasan al extremo opuesto, los tipos sentimiento extravertido pueden ser las personas más llamativas de todas. Sólo se sienten totalmente vivas cuando están rodeadas de gente. Continuamente sugieren cosas que hacer, lugares adonde ir. Cuando intentan pensar, tropiezan con su función inferior, con su conexión con el inconsciente. Antes que forzarse a pensar, es más posible que adopten un sistema de pensamiento entero. Su propia manera de pensar suele ser más primitiva: sólo utilizan uno o dos pensamientos de manera repetida.

Las personas de tipo sentimiento introvertido son menos frecuentes en nuestra cultura y más difíciles de comprender. Como su sentimiento es introvertido, no tienen forma de expresarlo, excepto a amigos íntimos y familiares, y muchas veces ni tan sólo a ellos. Jung dijo que normalmente encontraba esta tipología sólo entre mujeres; yo he conocido también a varios hombres homosexuales que la comparten. El tipo sentimiento introvertido se guarda sus fuertes sentimientos para sí mismo. Son las personas con mayor dificultad de expresión de todas porque no han desarrollado la función de pensamiento, y debido a que su experiencia de los sentimientos es tan personal, no pueden explicarla a otras personas. Jung dijo que la frase «las aguas tranquilas son profundas» se debe de haber inventado para describir a ese tipo de persona.

Aunque la cara que presentan al mundo puede ser «infantil o trivial,» y a veces quejumbrosa, los sentimientos que discurren bajo la superficie pueden ser de gran profundidad. Los tipos sentimiento introvertido son probablemente las conciencias del mundo. Vistos de esta manera, Von Franz dice que son ellos quienes «con mucha frecuencia forman la columna vertebral étnica de un grupo.»[13] Aunque sean silenciosos, otros observan sus reacciones y prestan atención a sus juicios, tanto si los expresan en voz alta como no.

---

13. Marie-Louise von Franz y James Hillman, *Jung's Typology*, pág. 48.

LA FUNCION DE SENSACIÓN

Utilizamos los sentidos para recoger los «datos» del mundo físico, como mínimo los datos que son accesibles al ser humano, con nuestra combinación única de capacidades sensoriales. Una vez adquiridos, procesamos los datos bien con nuestra función de pensamiento, bien con la de sentimiento. Una vez hemos procesado los datos, nuestro cerebro extrapola lo que calcula que ocurrirá a partir de los datos que ya ha adquirido. Formula un plan de acción y vuelve a enviar ese plan al cuerpo, junto con una «imagen» de lo que ha extrapolado.

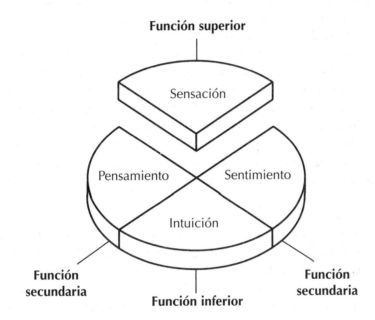

FIGURA 7

Tipo sensación. Si su función psicológica superior es la de sensación, también desarrollará como mínimo una de las funciones secundarias: pensamiento o sentimiento. No obstante, es imposible desarrollar totalmente la función inferior (intuición), que es su portal de entrada a los tesoros del inconsciente colectivo.

El cuerpo actúa entonces de acuerdo con ese plan, a menos que la información proveniente de los sentidos contradiga la imagen extrapolada por el cerebro. La mayor parte de las veces, lo que hacen nuestros sentidos es solamente confirmar una proyección del cerebro. Podemos pensar en la sensación como una forma activa de «ir en busca de» por parte del cerebro, en lugar de una recepción pasiva de una información física. Los propios sentidos esperan poder seguir con su manera habitual de funcionamiento, pero tienen que ser lo suficientemente adaptables para ajustarse cuando reciben nuevas informaciones.

El tipo sensación extravertido refleja perfectamente estas características. Son las personas más realistas, las que aceptan el mundo tal como es y se ajustan tranquilamente a él cuando sus expectativas no encajan con su experiencia. Como dijo Jung: «Ningún otro tipo humano puede igualar el tipo sensación extravertido en cuanto a realismo.»[14] En su libro *Know Your Type*, Ralph Metzner sugiere que existen dos maneras en que la naturaleza puede realizar esa adaptación a la realidad exterior y, consiguientemente, dos variedades diferentes del tipo sensación extravertido: el sensato y el sensual.[15] No obstante, cuando las personas de este tipo están funcionando en sus niveles más elevados, salvan la brecha entre estas dos posibilidades. El sensato y el sensual se encuentran en lo estético.

Recuerdo haber pasado una tarde con un científico encantador que era el ejemplo perfecto del tipo sensación extravertido. Su casa era hermosísima y la había construido por entero él solo. Él y su hijo habían cortado la madera, excavado y colocado los cimientos. Parecía haber pensado en todos y cada uno de los detalles. Por ejemplo, como había una estupenda vista desde la sala de estar, había construido un pequeño atril de madera para unos binoculares, situado en un lugar donde sólo tenía que alargar la mano para encontrarlos. No sólo había previsto cualquier función normal de una

---

14. Carl Jung, *Collected Works,* vol. 6, pág. 606.
15. Ralph Metzner, *Know Your Type*, Nueva York, Anchor, 1979, pág. 66.

casa, sino que ésta estaba llena de mecanismos prácticos que él mismo había diseñado. Por ejemplo, no había espacio para cuadros en la biblioteca porque tenía estantes con libros desde el suelo hasta el techo. Pero le gustaba el arte. Así que colocó varios cuadros en unos rieles conectados con las estanterías. Si tenía que coger un libro situado detrás de un cuadro, sólo tenía que correrlo hacia un lado.

Como los mejores realistas de todos, los del tipo sensación extravertidos tienden a considerar cualquier tipo de intuición como una tontería. Von Franz dice que incluso pueden ir tan lejos que les desagrade pensar, porque el pensamiento interfiere con la percepción pura de los hechos físicos de la realidad. La mayoría están dispuestos a pensar en voz alta con otras personas hasta cierto punto, pero después se cansan de ello y vuelven a llevar la conversación a los aspectos físicos, de los que nunca se cansan.

Debido a que su función inferior (intuición introvertida) les conecta con el inconsciente, son proclives a caer en cualquiera que sea el actual sistema religioso, filosófico o místico que esté de moda, tanto si se trata de teosofía, cienciología o EST. Un gran número de personas del tipo sensación extravertido se sienten atraídos por la psicología junguiana precisamente por esa razón. Aprenden unos cuantos conceptos junguianos superficiales y después se agarran a las posibilidades místicas de los arquetipos. Como las invariantes cognitivas en realidad son portales para la revelación mística, a veces ésta es la elección perfecta para ellos. Pero en general son tragados por el inconsciente colectivo y nunca consiguen aplicar su experiencia interior a su vida exterior.

La esposa de Jung, Emma, era del tipo sensación introvertida. En una ocasión describió este tipo como «una película fotográfica de alta sensibilidad.» Este tipo graba todo lo físico en su mente: color, forma, textura, todos los detalles que nadie más percibe. Debido a que toda la energía está dirigida hacia la absorción del entorno que le rodea, este tipo puede parecer tan inanimado como una silla o una mesa para un observador.

Cuando trabajaba como terapeuta en prácticas en un centro de rehabilitación para pacientes con trastornos graves, tenía un buen amigo que era del tipo sensación introvertido. Nunca olvidaré un día en que unos cuantos de nosotros estábamos sentados en el despacho de nuestro supervisor y de repente irrumpió un paciente en el cuarto. Estaba gritando y delirando. Agarró una silla y la estrelló contra la pared. Todos estábamos asustados, porque sabíamos qué podía ocurrir cuando un paciente perdía el control.

Mi amigo simplemente se quedó sentado con toda la calma, sin ni siquiera mirar al paciente. Mientras éste seguía gritando y blandiendo la silla, mi amigo lo miró tranquilamente. El paciente gradualmente pareció desorientarse; sostenía la silla como si no supiera lo que tenía en las manos. Sus delirios fueron calmándose y eran cada vez menos frecuentes. Mi amigo sólo estaba sentado tranquilamente, parecía como si estuviera absorbiendo toda la energía de la habitación. Unos minutos después, el paciente dejó caer la silla y se quedó allí de pie, totalmente exhausto. Entonces me pude acercar a él, rodearlo con los brazos y dirigirlo fuera del despacho. Mi amigo no llegó a moverse durante todo el episodio. ¡Eso es un tipo sensación introvertido mostrando lo mejor de sí mismo!

He conocido a varias personas de este tipo que son programadores informáticos y he trabajado con ellas a lo largo de los años. Les gustan que las cosas sean precisas: cada detalle es tan importante como otro. No puedes preguntarle a un tipo sensación introvertido por la «visión global,» no tienen ni la más remota idea de cómo elevarse por encima de los detalles de su trabajo y ver el propósito global. Esa visión global concierne a su función inferior, la intuición, y tiende a hacerles sentir incómodos. Pero es a través de esa intuición como pueden encontrar su camino hacia la creatividad.

Déjenme que les cuente otra historia sobre un programador informático, a quien llamaré Ted. Un día su jefe de departamento descubrió que otro programador tenía un virus en su programa que había hecho que éste fallara y produjera un «vertido» (una impresión del estado del ordenador cuando el programa falla). El programador se había pasado dos días examinando el vertido, intentando sin éxito descubrir el problema. El jefe llevó al programador a ver a Ted para ver si éste podía ayudar. Le explicó el problema a Ted, que solamente emitía algún gruñido de vez en cuando para indicar que comprendía. Rápidamente pasó las hojas del vertido, se detuvo en una, pasó el dedo por la página, después clavó el dedo en un punto y dijo: «Aquí.» ¡Efectivamente, había encontrado el problema!

Pero por otro lado, ese mismo programador estaba tan aislado de todo lo demás, excepto del detalle que tanto le gustaba, que empezó a delirar. Cuando se sentía frustrado, empezaba una discusión con una mujer imaginaria. Y después salía corriendo, frustrado por la estupidez que ella mostraba. Estoy seguro de que esa mujer era una personificación de su intuición como función inferior, que estaba intentando comunicarse con él. Por desgracia, Ted no soportaba escucharla «a ella.» Aunque pocas personas tienen la comunicación cortada con su mundo interior de manera tan espectacular que ésta quede encarnada por una persona imaginaria, ninguno de nosotros se siente cómodo con su función inferior.

LA FUNCIÓN DE INTUICIÓN

Cuando la gente descubre los tipos psicológicos junguianos por primera vez, normalmente quedan bloqueados ante la intuición. Comprenden qué son el pensamiento, el sentimiento y la sensación, pero la intuición les parece una elección extraña para formar parte del conjunto.

Los intuitivos tienen muy poco interés por la cosa en sí misma, sea ésta un objeto, una persona, una imagen de un sueño, etc. Lo que les interesa son las posibilidades futuras. Tienen buen olfato para el futuro y normalmente huelen las nuevas tendencias antes de que se hagan evidentes para el resto de personas. Donde la mayoría de gente ve diferencias, el tipo intuición ve similitudes. El tipo intuición ve la relación entre dos conjuntos de hechos aparentemente desconectados, que ninguna otra persona podría descubrir.

Los de este tipo no sienten interés por el pasado; es decir, por el porqué ocurrieron las cosas. De hecho, tampoco es que tengan mucho interés por el presente, por lo que está ocurriendo ahora. Sólo les importa lo que está por venir. Su gran alegría es concebir alguna nueva posibilidad. Una vez tienen el concepto, ya les queda poco o ningún interés por verlo realizado en el mundo exterior.

Cuando el tipo intuitivo es extravertido, pueden ser las personas más punteras del mundo. Cabalgan sobre la ola de las modas intelectuales, siempre en la cresta. Si son capaces de desarrollar una función secundaria de sentimiento o pensamiento, entonces pueden aflojar lo suficiente para hacer uso de esa información sobre el futuro que siempre tienen a su disposición. Si no desarrollan una función secundaria, se convierten en mariposas, volando de una cosa nueva a otra, sin obtener ningún beneficio de ninguna de ellas.

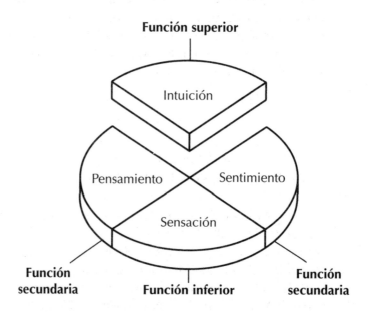

FIGURA 8

Tipo intuición. Si su función psicológica superior es la de intuición, también desarrollará como mínimo una de las funciones secundarias: pensamiento o sentimiento. No obstante, es imposible desarrollar totalmente la función inferior (sensación), que es su portal de entrada a los tesoros del inconsciente colectivo.

Los intuitivos introvertidos ven las posibilidades futuras no en el mundo exterior, sino en el interior. Son los modelos arquetípicos de los profetas del Antiguo Testamento, de los místicos de todas las épocas y culturas. Ciertos tipos de artistas y poetas son del tipo intuición introvertido: artistas que están más interesados en la visión que tienen en su interior que en los detalles de como la pueden obtener fuera. William Blake, el gran poeta y artista del siglo XVIII, es el ejemplo perfecto de un intuitivo introvertido bien equilibrado.

Es probable que todos los intuitivos tropiecen con su función inferior. No saben relacionarse demasiado bien con el mundo: dinero, sexo, comida, etc. Los intuitivos extravertidos es posible que gasten el dinero como si les quemara en la mano, simplemente porque para ellos no significa nada. Los intuitivos introvertidos pueden incluso llegar a olvidar que existe la necesidad de ganar dinero. Normalmente los intuitivos están más interesados en las posibilidades sexuales que en el acto en sí mismo, que es posible que les resulte aburrido.

LOS TIPOS PSICOLÓGICOS
COMO CAMINOS DE DESARROLLO

El concepto junguiano de tipos psicológicos es el punto de partida para el resto de las ideas de Jung. Este libro trata sobre el inconsciente colectivo, pero la gran visión de Jung fue que el inconsciente colectivo habita en cada uno de nosotros. Gran parte de nuestra vida está estructurada por los símbolos arquetípicos que forman las unidades organizativas del inconsciente colectivo. No obstante, los arquetipos sólo se manifiestan en nuestra vida a través del proceso de individuación. Y el camino de la individuación viene determinado en gran parte por el tipo de persona que seamos.

Ello no significa que todos los del tipo pensamiento introvertido, o sensación extravertido, sigan el mismo proceso de individuación. En realidad existen tantos caminos de desarrollo como personas. Pero, por ejemplo, todos los del tipo sentimiento introvertido crecen y se desarrollan dentro de ciertos límites que son exclusivos de su clase. A la larga todos ellos tienen que descubrir alguna forma de enfrentarse con su función inferior, el pensamiento, puesto que éste es su camino hacia el inconsciente colectivo. Esto es así, por supuesto, no sólo para los del tipo sentimiento introvertido, sino para todos los demás tipos. Cada uno de nosotros tiene que descubrir su propio camino en la vida. Sirve de ayuda si parte de ese camino de desarrollo es compartido por otros como nosotros. Esto ofrece por lo menos un mapa parcial del territorio que pensamos explorar durante nuestra vida. Ello es especialmente importante en el sentido de que nos permite ser un poco más benevolentes con nosotros mismos y aceptar que no tenemos que seguir estrictamente el camino que otra persona opine que deberíamos tomar.

En los capítulos posteriores trataremos del camino de la individuación, utilizando el modelo junguiano de los arquetipos de desarrollo: la sombra, el anima/animus y el Self. Empezaremos con la sombra.

Capítulo 5

LA SOMBRA

... los objetivos de la segunda mitad de la vida son distintos de los de la primera.

CARL JUNG

Esencialmente, la psicología junguiana del proceso de individuación se dirige a la segunda mitad de la vida. En opinión de Jung, pasamos la primera mitad de la vida desarrollando un ego saludable, para que podamos funcionar de manera satisfactoria en el mundo exterior. Una vez conseguido (y sólo en el caso de que se haya logrado hacerlo con éxito), la segunda mitad implica alejarse del mundo para encontrar nuestro yo más profundo. La individuación requiere que pasemos por ambos estadios satisfactoriamente. Hasta que no nos hayamos enfrentado con éxito con el mundo, no podemos esperar encontrar un lado espiritual más profundo de la personalidad. (¿Acaso no hemos conocido todos a alguien que era enfermizamente bueno porque él o ella tenía miedo de enfrentarse a su deseo de querer ser malo?)

Jung desarrolló su modelo de la psique mediante la exploración tanto de sí mismo como de sus pacientes. Como terapeuta practicante, gran parte de su labor implicaba temas no resueltos de la primera mitad de la vida, normalmente temas pendientes de la relación padre o madre con el hijo. Recuerden a lo que me refería con el ejemplo de Konrad Lorenz y la cría de oca: debajo de nuestra relación particular con nuestra madre y nuestro padre existen relaciones arquetípicas entre madres y padres y sus hijos. Así que buena parte del curso real de la terapia junguiana trata con tales temas de la primera mitad de la vida. A pesar de ello, la psicología de Jung se inclina muchísimo más hacia la segunda parte de la vida: el lado más profundo del proceso de individuación.[1]

El trabajo con la sombra, el anima/animus y el Self son todos temas relativos a la segunda mitad de la vida. Siempre y cuando llevemos una vida básicamente inconsciente, no existe oposición entre consciente e inconsciente. Gradualmente desarrollamos nuestra exclusiva personalidad consciente a partir del inconsciente y a través de los encuentros con el mundo que nos rodea, especialmente con los encuentros con padres, hermanos y seres queridos.

El tema de la persona que somos queda determinado en gran parte por la que no somos. Si somos introvertidos, no somos extravertidos. Si nos acercamos al mundo a través del pensamiento, no lo hacemos a través del sentimiento. No obstante, como ya hemos

---

1. Al igual que los freudianos, los junguianos se refieren a la terapia como análisis. En el caso de un análisis junguiano, éste es un término especialmente equívoco. Literalmente, el análisis desmonta una cosa en sus componentes para trabajar con cada uno de ellos por separado. La terapia junguiana en realidad implica, alternativamente, desmenuzar un tema en otros más pequeños para clarificarlos, para después sintetizarlos en nuevas unidaddes. Y la terapia junguiana implica no solamente una comprensión racional, sino también una experiencia emocional. Podría seguir indefinidamente, pero análisis no es un término demasiado preciso. De manera similar, si la comparamos con el psicoanálisis freudiano, Jung llamó psicología analítica a su psicología. De nuevo un término no demasiado ajustado, pero que actualmente no es muy probable que cambie.

visto al hablar sobre los tipos psicológicos, tenemos el potencial para ampliar nuestra personalidad y que ésta incluya otras maneras de acercarse al mundo. Aunque podemos empezar la vida como un tipo sentimiento extravertido, interesados solamente por las relaciones emocionales con otras personas y cosas, podemos ciertamente desarrollar tanto la sensación como la intuición para alimentar nuestra función de sentimiento. De hecho, si trabajamos con ahínco, podemos desarrollar de tal manera la sensación y la intuición que le resultaría difícil a un tipo sensación o intuición mejorar nuestra actuación en estos ámbitos. Incluso podemos aprender a sentirnos más cómodos con las situaciones de introversión, para que no tengamos que depender exclusivamente del mundo exterior.

Sin embargo, en el caso de la función inferior (el sentimiento para un tipo pensamiento, la sensación para el tipo intuición), nunca lograremos desarrollar al cien por cien esas características, puesto que son nuestra conexión con el inconsciente colectivo, y el inconsciente es demasiado grande para que quepa en una sola persona. Pero eso es una oportunidad, no una obligación. Siempre que hacemos un esfuerzo por mejorar la función inferior, nos vemos recompensados con un atisbo de lo numinoso.

LOS TIPOS PSICOLÓGICOS Y LA INDIVIDUACIÓN

Supongamos que los tipos psicológicos que hemos descrito son o bien innatos y se «graban» en nuestra vida cuando somos pequeños, o bien como mínimo se desarrollan a una edad muy temprana, aunque no sean innatos. Es decir, que ya desde muy pequeños nos dividimos en introvertidos y extravertidos, en tipos pensamiento, sentimiento, sensación o intuición.

Así que allí estamos, a una edad temprana (por no decir ya al nacer), con una gran porción de nuestra personalidad colocada ya en su lugar, lista para expresarse en la vida que estamos a punto de emprender. Como expliqué al hablar de la función inferior, nos gusta hacer las cosas que nos salen bien, y evitamos hacer las que no nos salen tan bien. Conscientemente desarrollamos ciertas habilidades, mientras que los talentos no desarrollados se repliegan en el inconsciente.

Como es natural, las cosas no siempre van perfectamente en la vida. Imaginemos a una niña que nazca con una habilidad mecánica innata, o a un niño con una empatía natural por los sentimientos de los demás (tipos sensación y sentimiento, respectivamente). Puede que unos padres consideren que la capacidad mecánica sea algo «poco femenino» para una niña y la desanimen a desarrollarla. Los otros padres puede que tampoco estén muy contentos con un niño que fuera tierno y compasivo, en lugar de duro y agresivo. Cuando somos niños, nuestros padres son como dioses para nosotros, lo que dicen es ley. Y si dicen que deberíamos ser otra cosa que la persona que la naturaleza ha decretado que seamos, probablemente intentaremos cambiar hasta que encajemos mejor con lo que nuestros padres quisieran que fuéramos.

Recuerdo un paciente cuya madre probablemente no debería haber tenido hijos; era demasido infantil y egoísta para que le importara alguien que no fuera ella misma. Su hijo era sensible y cariñoso. Su madre iba alternando entre decirle cuánto quería a su dulce niño y después decirle que era horroroso. Y ninguna de las respuestas tenía nada que ver con las acciones del niño; simplemente dependían del estado de ánimo de la madre. Además, periódicamente se hartaba de ser madre y lo dejaba siempre que podía con otras personas: la abuela, una tía, un amigo de la familia. Cuando el niño fue un poco mayor, la madre simplemente se iba de casa y el niño se quedaba solo en la casa o el apartamento. Entonces dependía de él encontrar a alguien que le cuidara.

Ese niño sensible y cariñoso pronto se volvió duro y receloso. Empezó a desconfiar de cualquiera que mostrara afecto. Como coraza para no responder ante una emoción potencialmente tan peligrosa, aparentaba un desdén glacial hacia cualquier persona y cosa de su entorno. Su personalidad natural tenía que ir de incógnito. Sin embargo, y de manera sorprendente, desde la primera vez que le conocí, yo podía percibir esa personalidad subyacente y descubrí que podía recuperar su confianza y amor naturales a pesar de todos los años de malos tratos. Somos una especie resistente.

¿SOMOS COMO HOJAS EN BLANCO AL NACER?

Pensemos en ello por un momento. Si fuéramos «páginas en blanco» al nacer, y todo nuestro conocimiento y habilidades se desarrollaran gracias a la experiencia personal, no tendríamos ningún talento no desarrollado en el inconsciente. Yo no habría descubierto ninguna personalidad subyacente en algún paciente que éste pudiera recuperar del inconsciente. Pero lo hice y todos nosotros lo hacemos.

Jung utilizó el término Self (con mayúscula para distinguirlo del uso normal de la palabra) para describir esta personalidad innata que tardamos toda la vida en desarrollar. Hablaré extensamente del Self en los capítulos posteriores, pero por ahora es suficiente decir que cada uno de nosotros parece contener una plantilla de la persona que se supone que tenemos que ser. Tiene que tratarse de una plantilla notablemente flexible, ya que tiene que encajarnos en todas las etapas de la vida, desde el nacimiento hasta la muerte. Tiene que tener la suficiente flexibilidad para que se adapte a las muchas maneras en las que cada uno de nosotros puede alcanzar su destino.

Pero también puede ser notablemente específica. La Universidad de Minnesota ha realizado un estudio con gemelos que aporta mucha información sobre lo lejos que estamos de ser «páginas en blanco» cuando nacemos. Peter Watson resumió los resultados de este estudio en su libro *Twins: An Uncanny Relationship?*[2] En el número del 26 de diciembre de 1982 de *Los Angeles Times*, Watson contaba una historia de su libro acerca de dos chicos gemelos, nacidos en 1939, que fueron adoptados por padres diferentes (las familias Lewis y Springer); ninguno de los dos conocía la existencia del gemelo.

Las coincidencias de sus vidas eran notables. Ambos habían tenido las mismas preferencias y los mismos rechazos en la escuela, habían tenido el mismo empleo, las mismas costumbres, las mismas enfermedades, los mismos hobbies. Estas similitudes eran tan exactas que resultaría muy difícil explicarlas sólo con el hecho de que los

---

2. Peter Watson: *Twins: An Uncanny Relationship?*, Nueva York, Viking Press, 1982.

gemelos tienen los mismos genes. De hecho, algunas de estas seme-
janzas estaban tan marcadas que parecían ir mucho más allá de
cualquier explicación genética. Por ejemplo:

> Ambos se habían casado con una mujer llamada Linda, se
> habían divorciado y vuelto a casar con una mujer llamada
> Betty. Lewis había puesto a su hijo el nombre de James Alan.
> Springer había llamado al suyo James Alan. Ambos habían
> tenido un perro de pequeños y lo habían llamado Toy.[3]

¿Cómo es posible que nazcamos con un plan tan concreto que nos
diga que nos casemos con mujeres llamadas Linda y Betty, que lla-
memos James Alan a nuestro hijo y Toy al perro? Es un misterio,
pero este ejemplo indica lo difícil que es negar nuestro destino
inmanente, el camino hacia el Self, aquello en lo que se supone que
tenemos que convertirnos.

A Jung le gustaba comparar un arquetipo con el cauce de un río
que se ha ido formando lentamente durante miles de años.
Originalmente era sólo un arroyo de agua que seguía la línea de
menor resistencia en su camino hacia el mar. El agua seguía por
cualquiera de varios ramales distintos, uno era igual de posible que
otro. No obstante, a medida que lentamente transcurría el tiempo,
cada vez era menos probable que el agua cogiera cualquier camino
en lugar del que ya había recorrido muchas veces anteriores.

Pero si las circunstancias cambiaran de manera suficientemente drástica, se podría formar un nuevo cauce. Por ejemplo, si una
avalancha de rocas bloqueara una parte del río, el agua se vería
forzada a tomar una nueva dirección. Si finalmente llegaba a
entroncar con el cauce antiguo, como mínimo hubiera seguido
una ruta nueva durante parte del recorrido. Pero quizá una parte
del río nunca llegaba a juntarse con el cauce antiguo y se formaba un nuevo afluente.

---

3. Peter Watson, *Twins*, pág. 22.

Lo mismo ocurre con las invariantes cognitivas del inconsciente colectivo y, concretamente, con el arquetipo del Self, que es el que determina cada uno de nuestros destinos individuales. Muchos de nosotros pasamos toda la vida luchando contra nuestro destino, estancados en una ciénaga maloliente, lejos del río que nos podría conducir al mar. Y si queremos escapar de ese cenagal, tenemos que estar dispuestos a enfrentarnos a nuestro primer desafío: la sombra.

POR QUÉ APARECE LA SOMBRA

Volvamos al ejemplo de la niña con habilidad mecánica y al niño con una función de sentimiento desarrollada. Si las presiones de los padres son lo suficientemente fuertes, la niña probablemente se olvidará de los juguetes de hojalata y de los mecanos, y dirigirá su atención hacia las muñecas y los vestidos. El niño cuya empatía innata debería haber sido apreciada y recompensada probablemente aprenderá a ser duro, autosuficiente y a no aceptar ninguna patraña de nadie. Al cabo de un tiempo, la niña y el niño ya ni siquiera recordarán esos intereses infantiles.

Pero las cualidades innatas no se pueden destruir. Sólo se consigue empujarlas hacia el fondo, hacia el inconsciente. Entonces ocurre algo interesante: aquellos rasgos de personalidad inevitablemente se personalizan. Es decir, se va formando una personalidad (o múltiples personalidades) alrededor de las capacidades que son desviadas hacia el inconsciente. Jung llamó sombra a esta personalidad porque, al igual que nuestra sombra física, ofrece una silueta oscura de nuestro ser completo. No tiene por qué existir una necesidad lógica para que se dé esta personificación; podríamos estar hechos simplemente de manera que las capacidades estén adormecidas, a la espera de alguna llamada de la vida que las vuelva a despertar.

Algunos animales al parecer son solitarios por naturaleza; parece que no necesitan la compañía de otros individuos de su especie. Normalmente ello se debe a las presiones de la evolución. Por ejemplo, el pobre orangután ha ido evolucionando con el tiempo hasta convertirse en una criatura solitaria, porque vive en una región donde el alimento se encuentra en una zona tan extensa que un grupo de orangutanes no puede encontrar alimento suficiente para su sustento dentro de un radio de un día de marcha.

No obstante, los seres humanos somos más parecidos a nuestros primos los monos: gregarios por naturaleza. Aislados de otros humanos, tendemos a convertirnos en algo inferior a lo humano. Es por ello por lo que la reclusión aislada es el castigo más temido dentro de una prisión. En la obra *Book of the Eskimos*,[4] de Peter Freuchen, se narra la historia de dos tramperos que pasaron juntos el largo invierno de Alaska. Uno de ellos murió a principios de la temporada. El otro no podía soportar sentirse solo, así que mantenía el cadáver congelado en una postura sentada, y a la hora de la comida lo apoyaba contra la mesa. De esa manera, podía fingir que todavía tenía un compañero.

Todas nuestras relaciones con el mundo parecen adoptar al final la misma forma de nuestras relaciones con amigos o enemigos. Nos relacionamos con las personas que vemos en televisión, con las que escuchamos por la radio, como si fueran amigos íntimos o parientes. Nuestras mascotas se convierten en personas para nosotros. Incluso los objetos, como el coche o el ordenador, se personifican si los tenemos en suficiente estima. Por ejemplo, uno de los muchos atractivos de las columnas que Jerry Pournelle escribe en revistas de informática como *Byte* e *Infoworld* es que tiene un nombre para cada ordenador. Entre ellos están su primer ordenador, un Z80 (eso es un chip de ordenador, para aquellos que no lo sepan) que él llama Ezekial; su sucesor Zeke-II, su ordenador actual es Big Cheetah; y su ordenador portátil Cambridge Z88 es Sir Zed. Incluso la casa de Jerry tiene nombre: Chaos Manor (la mansión del caos).

Asimismo, una mujer que conozco puso un nombre a todos los objetos de arte que tenía en casa que tuvieran cualquier tipo de aspecto humano o animal. Está Jeepers, el soporte para el teléfono que parece un mayordomo; Guillermo es el tucán de metal;

---

4. Peter Freuchen, *Book of the Eskimos*, Cleveland, Ohio, The World Publishing Company, 1961, págs. 344-361.

Alexander el conejo de madera; Hazel-Matilda la bruja de peluche, etc. Le produce una sensación entrañable poder llegar a casa y ver a todos sus amigos.

LA SOMBRA EN LOS SUEÑOS

Resulta inevitable que veamos el mundo a través del cristal de las relaciones humanas. No es sorprendente que nuestros sueños traten casi exclusivamente sobre las relaciones con los demás. Están básicamente poblados con las mismas personas con las que tenemos contacto en nuestra vida cotidiana. Pero también aparecen personas que conocemos muy poco, si es que las conocemos. Y, de vez en cuando, aparecen personas a quienes jamás hemos visto antes (y probablemente nunca lo hagamos): personas creadas por el inconsciente.

Jung opinaba que las cualidades que hemos negado en nuestra vida no se van a ninguna parte, simplemente quedan relegadas al inconsciente, donde se personifican como la sombra. Cuando nuestros recursos conscientes son inadecuados para tratar con algún tema nuevo en nuestra vida, y necesitamos cualidades que han sido relegadas al inconsciente mediante la negación o negligencia, esas cualidades aparecen como una figura de sombra en nuestro sueño. Siempre que tenemos sueños de sombra deberíamos considerarlos como el inicio de algún nuevo ciclo vital. Debido a que nuestras vidas son complejas, en cualquier momento de nuestra vida hay muchos de esos ciclos que están en marcha.

Las figuras de sombra normalmente aparecen primero en forma no humana: alienígenas de otro planeta, vampiros, zombies, criaturas semihumanas, etc. Nos hacen enfrentarnos a su presencia no deseada, aunque inevitable. Con el tiempo, estas figuras oníricas evolucionan y se van haciendo totalmente humanas, de nuestro mismo sexo, pero malas, diabólicas, despreciables. (¡Por supuesto nada que ver con nosotros, que somos criaturas perfectas!) Más adelante, siguen evolucionando y se convierten en personas lastimosas a quienes toleramos, pero que miramos por encima del hombro, después en conocidos, personas que vemos como figuras no especialmente importantes, pero a quienes toleramos como parte de nuestra vida cotidiana. Más adelante aún, las figuras de sombra se convierten en amigos, familiares, amantes. Finalmente, si hemos aprendido a integrar sus características no deseadas en nuestra personalidad, éstas ya no tienen que ser personificadas en el inconsciente. Hemos cambiado y ellas forman ya parte de nosotros.

FIGURA 9

Danza con la sombra. Cuando finalmente nos vemos forzados a reconocer la existencia de la sombra, al principio nuestra relación es como una incómoda danza ritual, que siempre amenaza con degenerar en una guerra activa. (Reimpresión de *1001 Spot Illustrations of the Lively Twenties*.)

Dejénme revisar esta progresión un poco más despacio, aplicándola al caso de la niña de mi ejemplo anterior. Para cuando se haya convertido en adulta, sin duda hará ya mucho tiempo que dejó de intentar utilizar sus habilidades mecánicas innatas. Durante un tiempo, puede que su vida le parezca plena y completa. Pero a la larga algo falla. Quizá se encuentra con un dilema moral que no puede resolver con cualquiera de sus recursos racionales normales. O, quizá, se siente inexplicablemente deprimida, incapaz de sentir interés por nada. No importa cuál sea la manera con la que intente resolver su dilema o salir de su depresión, nada sirve de ayuda.

Ello es debido a que lo que necesita se encuentra en el inconsciente, y no puede alcanzarlo a través de su consciente. Cuando llega ese momento, el inconsciente empezará a poner ante su conocimiento consciente figuras de sombra que son las que rodean los rasgos de personalidad que ha estado negando durante todos esos años. Al principio, las figuras de sombra de sus sueños probablemente no sean humanas, y resultará imposible identificar las características que poseen. Esto señala una etapa en que la mente consciente de la mujer se ve ante la necesidad de aceptar unas capacidades que ha negado que sea posible desarrollar en su caso. Por lo tanto, la propia idea parece aborrecible, inhumana.

Es frecuente que la negación sea tan completa que los sueños de sombra se conviertan en pesadillas. Me he creado el hábito de que cada vez que tengo una pesadilla, intento volverme a dormir inmediatamente y regresar a ella para poder hacer las paces con la figura de la pesadilla. Algunas veces esto es lo que ocurre. En la mayoría de ocasiones, el intento es suficiente para formar algún tipo de acercamiento entre el consciente y el inconsciente, y ya no es necesario volver a tener otra pesadilla.

El mundo onírico ofrece un escenario maravilloso donde se pueden representar muchas situaciones diferentes, llenas de distintos personajes, que llevan a conclusiones muy diversas. Las personas que dicen no soñar nunca se sentirían perturbadas si descubrieran las escenas que se representan en su psique todas las noches. En sus sueños se ven exactamente frente a las mismas situaciones con las que se tienen que enfrentar para su crecimiento y desarrollo. La

117

evolución de carácter va teniendo lugar lentamente a pesar de su falta de conciencia sobre el tema.

He hablado de la sombra en un sentido amplio, en el que la sombra puede aparecer como cualquiera, desde una temida figura de pesadilla hasta un amigo o familiar: las figuras de sombra aparecen en los sueños prácticamente todas las noches. No obstante, las más extremas, las que nos parecen tan abominables, sólo aparecen cuando algo va mal en el proceso. Esas figuras de sombra aparecen cuando nos hemos vuelto demasiado rígidos en nuestros patrones. Pensemos en la sombra física. Sólo surge cuando la luz nos ilumina. Cuanto más brillante la luz, más oscura la sombra. Asimismo, si nos consideramos demasiado buenos, demasiado perfectos, la sombra se vuelve más oscura como compensación.

LA PERSONA Y SU RELACIÓN CON LA SOMBRA

Jung llamó a la cara que presentamos al mundo nuestra persona, refiriéndose a las máscaras que se utilizaban en las tragedias griegas. No obstante, el uso de esos personajes simbólicos no queda por supuesto limitado al teatro griego. Los japoneses, por ejemplo, tienen máscaras similares que utilizan en su teatro *noh*. Cada máscara representa a un personaje determinado. Los balineses tienen figuras simbólicas similares en su teatro de marionetas. Los personajes de guiñol de Punch y Judy son eternos favoritos de los niños británicos. Y, aunque éstos no llevaban máscara, los buenos y los malos de las películas del Oeste americano (hasta el día en que apareció la figura del antihéroe) también eran como estereotipos. Todos reconocíamos al terrateniente malvado, al frío asesino a sueldo, a la inocente damisela que estaba en un apuro, al médico alcohólico, a la dura camarera con un corazón de oro, al héroe, más puro que la nieve recién caída, etc.

En el mundo occidental de finales del siglo XX la profesión de un hombre con frecuencia se puede convertir en su persona; es decir, un hombre se convierte en ingeniero o en programador informático hasta tal punto que se olvida de que es algo más que su profesión. Hasta hace poco tiempo, las mujeres tenían pocas o nulas oportunidades de asumir roles adultos que no fueran los de «madre», «vieja solterona», «señorita maestra», «bibliotecaria», etc. Toda mujer que se casa y tiene hijos sabe lo difícil que es conseguir que otras personas la vean como una persona con derecho propio, como alguien que no sea la esposa de su marido, o la madre de sus hijos. Ella misma tiene muchas veces dificultades para verse a sí misma de otra manera que no sea en estos roles fuertemente arquetípicos.

Todos necesitamos una identidad y, en lugar de luchar para definir nuestra propia y única identidad, la mayoría de nosotros estamos dispuestos a adoptar una identidad colectiva como la de «madre» o «padre», «bibliotecaria» o «programador informático.» Pero estos roles son como máscaras que no pueden cambiar de expresión. No importa cuál sea la situación, tenemos que reaccionar de acuerdo con nuestro personaje predefinido. Cuando alguien se encuentra estancado en su persona, nos parece superficial. No suscita gran interés porque, literalmente, carece de profundidad.

Asimismo, nos construimos una imagen ideal de nosotros mismos: amables y educados, pero fuertes y decididos. (O alguien en quien se puede confiar, leal, servicial, valiente, limpio y reverente como un boy scout ideal). Cualquier imagen de este tipo, compuesta exclusivamente por aquello que consideramos bueno y correcto, es demasiado ligera; le falta el sombreado oscuro que necesita para estar completa. Por ejemplo, en Gran Bretaña, durante la segunda mitad del siglo XIX el ideal masculino era el del *gentleman*, con su exquisito autocontrol. El complemento de ese ideal era un salvaje, que era incapaz de controlar sus impulsos instintivos. Naturalmente, ambas imágenes existían sólo en la mente británica, no en la realidad.

Creyendo en el espejismo de que dominaban completamente sus vidas, la clase alta británica estaba de hecho dominada por su inconsciente. Impulsada por una necesidad de encontrar el salvaje necesario para su totalidad, los hombres británicos llevaron el colonialismo a sus extremos, dominando la India, África y todos los lugares del mundo que ellos imaginaban estaban habitados por salvajes. Los colonialistas británicos se instalaron en todos esos países e intentaron vivir exactamente igual a como lo hacían en Inglaterra. En medio del África, el *gentleman* inglés se ponía cuello almidonado, leía diariamente su *London Times* (que probablemente tenía ya seis meses cuando le llegaba), y tomaba su té. Más que nada, esos colonos temían a sus compañeros, incapaces de resistir la atracción del inconsciente, que se habían adaptado a las costumbres nativas.

Para poder desarrollar la autodisciplina necesaria para una locura tal, los jóvenes británicos de la clase alta eran enviados a escuelas donde se les pegaba salvajemente e incluso a veces padecían abusos sexuales por parte de sus profesores y compañeros. Su necesidad de la oscuridad y salvajismo reprimidos les llevaba inevitablemente al masoquismo y al sadismo. Incapaces de relacionar la sexualidad con el amor, porque para ello se precisaba cierta disminución de su papel consciente de dominio, se convirtieron en homosexuales en un número verdaderamente extraordinario.[5]

O consideremos un fenómeno incluso mayor, el cristianismo, y la sombra que ha dejado en muchos de nosotros. Como marcado contraste con la máxima patriarcal judía de «ojo por ojo, diente por diente,» Jesucristo propuso al mundo una nueva idea más suave, más femenina: «Ama a tu prójimo como a ti mismo.» Lo que Cristo realmente estaba expresando era el reconocimiento de que él no estaba realmente separado de la gente que le rodeaba, de que veía algo de sí mismo en todo aquél con quien entraba en contacto. Pero darse cuenta de una cosa así requiere autoconocimiento, y éste sólo

---

5. Con ello no quiero decir, ni muchísimo menos, que toda homosexualidad procede de este tipo de represión. Parece que un porcentaje fijo (habitualmente estimado entre el 10 y el 15%) de hombres y mujeres de cualquier cultura son homosexuales, al parecer genéticamente predispuestos hacia la homosexualidad, de igual modo que la mayoría están genéticamente predispuestos hacia la heterosexualidad. Pero las circunstancias también pueden llevar a una persona, cuya sexualidad sea incierta, a un campo o al otro. En el caso de la Gran Bretaña de fin de siglo, las circunstancias llevaron a muchos hombres de la clase alta a una infeliz homosexualidad, infeliz porque probablemente no estaba predeterminada por la naturaleza.

se alcanza después de una larga lucha con nosotros mismos y, especialmente, con nuestra sombra.

Sus seguidores decidieron tomar la «regla de oro» como eso exactamente: una regla que tenía que ser seguida, de la misma manera que antes habían seguido los diez mandamientos de la religión judía. Es más fácil decir simplemente que tenemos que amar a nuestro prójimo, independientemente de que lo hagamos o no, que investigar esas partes de nosotros mismos que preferiríamos dejar a oscuras. Del mismo modo, si seguimos el ideal de Cristo, es mucho más fácil verle como perfecto, incapaz de pecar, que como un hombre que lucha con éxito con los lados contradictorios de su propia naturaleza. ¿Qué otra cosa podía hacer Jesucristo excepto luchar, compuesto como estaba de Dios y de hombre? Si seguimos el ideal de Cristo, necesitamos luchar para reconciliar nuestra naturaleza esencialmente animal con nuestra naturaleza esencialmente divina. Necesitamos descubrir la divinidad en lo instintivo, lo instintivo en lo divino.

En lugar de ello, el cristianismo desarrolló un ideal de perfección, de luz sin oscuridad. La oscuridad ha quedado escindida y se la atribuye a Satán, en lugar de considerarla una parte necesaria de nuestra naturaleza. Si existe la luz, inevitablemente existe la oscuridad, como compensación. Por lo tanto, todas las partes descuidadas y reprimidas de la personalidad se congregan alrededor de la sombra y se las asocia con el pecado y el mal.

PROYECCIÓN

Jesucristo también enseñó que primero deberíamos mirar la mota en nuestro propio ojo antes que el mal en el de nuestro prójimo. Los psicólogos utilizan el término proyección para referirse a esta atribución de nuestras características a otras personas. Es importante darse cuenta de que la proyección es un proceso inconsciente sobre el cual no tenemos control alguno. El objetivo es alcanzar un nivel de conciencia suficiente para no tener que proyectar más la sombra sobre los demás.

Si estamos sexualmente reprimidos, se forma una figura de sombra que da paso a todo impulso sexual. Cuanto más neguemos que tenemos esos deseos malvados, más energía se acumulará alrededor de la sombra. Al final hay tanta energía que ya no la podemos confinar al inconsciente. Sale disparada. A veces nos posee y hacemos cosas que después preferiríamos olvidar: «¡Chico, pues no estaba yo borracho ni nada! No recuerdo nada en absoluto.»

O bien proyectamos la sombra sobre alguna persona de nuestro alrededor. Las proyecciones no son totalmente indiscriminadas; tiene que existir algún tipo de «gancho» para que la sombra pueda colgarse de él. Pero si la energía es lo suficientemente fuerte, el gancho no tiene que estar demasiado cerca. En el caso de nuestro ejemplo, podríamos proyectar nuestra sombra de lujuria desenfrenada sobre cualquiera que no sea tan reprimido como nosotros sexualmente. Una vez colocada la proyección en su lugar, atribuiríamos todo tipo de características a esa infortunada persona que no tendrían nada, o muy poco, que ver con su personalidad real.

Es por ello por lo que nuestros sueños producen figuras de sombra. En los sueños podemos relacionarnos con ellas de manera segura. En el inconsciente podemos tener nuestras discusiones, librar nuestras batallas y lentamente llegar a respetar su punto de vista, gradualmente aprender a soltarnos un poquito más. Pero si conscientemente permanecemos demasiado rígidos para hacer ningún cambio en nuestro sistema de valores, las figuras de sombra serán cada vez más amenazadoras y finalmente quedarán proyectadas sobre personas del mundo exterior. Una vez proyectada, finalmente nos vemos obligados a enfrentarnos a la sombra, por desgracia a expensas de la persona que recibe la proyección.

El hecho de que este proceso ocurra es asombroso. Evidentemente, algo de nuestro interior no aceptará nuestra visión unilateral de la vida. Jung llamó a este proceso la función trascendente (en el sentido de que «trasciende» nuestra perspectiva funcional normal de la vida). La función trascendente intenta restituir la totalidad llevando aspectos reprimidos o ignorados de la personalidad al consciente. Visto de esta manera, la sombra nos ofrece una oportunidad de crecimiento. Si la reconocemos y nos relacionamos con ella, crecemos. Si la negamos y la reprimimos, la sombra se va haciendo más fuerte hasta que tenemos que reconocerla y relacionarnos con ella. La psique intenta hacernos crecer, tanto si nos gusta como si no.

LA NIÑA CON HABILIDADES MECÁNICAS

Regresemos a nuestro ejemplo de la niña que tenía habilidad mecánica. Forzada a alejarse de sus capacidades mecánicas «masculinas», probablemente desarrolló una persona que era excesivamente femenina. No podía admitir ningún rasgo masculino en su personalidad, porque alguna parte de ella sabía cuánto le hubiera encantado ocuparse de su coche, o diseñar puentes, o jugar con un ordenador. Así que se vio forzada a condenar cualquier cosa que estuviera remotamente relacionada con el mundo masculino como algo poco femenino y, por lo tanto, repugnante para ella.

Imaginemos que se casó con un «tipo fuerte y duro» a quien le gustaba «llevar los pantalones en casa.» Durante un tiempo, ella suspiraba y sonreía tontamente ante el hombre fuerte que él era, y creyó incluso que le gustaba su vida. Al poco tiempo de casada, tuvo una hija, y después, dos años más tarde, un chico. Imaginemos que han transcurrido diez años. Quiere a sus dos hijos y sigue queriendo a su marido (aunque últimamente a empezado a notar que le cansa tener que seguirle el juego a su capacidad «superior» sobre cualquier tema significativo). No sabe lo que le pasa, pero últimamente parece que su vida ha perdido color. Se puede ver a sí misma cumpliendo con sus obligaciones, pero sin convicción.

Los que estamos fuera observando la vida de esta mujer podemos ver fácilmente cuál es el problema: ha perdido parte de su alma. Es tanto la persona que cree ser, como la reina de Inglaterra. Pero perdió su sombra hace tanto tiempo que ni tan siquiera recuerda que tiene una. Afortunadamente, ésta sigue viva en el inconsciente. Quizá una noche tiene un sueño. No puede recordarlo, pero el sueño le produce un efecto inquietante. Al día siguiente está de un humor raro.

Unas noches más tarde, tiene un sueño que sí recuerda. Es una pesadilla en que una mujer la está persiguiendo, una mujer enorme, con antebrazos peludos y musculosos. Sabe que si esta mujer la atrapa, la hará papilla porque es tan fuerte como un gorila. Se despierta con un sudor frío.

Esa misma semana cree ver a la mujer en el supermercado. Cuando mira más atentamente, se pregunta cómo ha podido pensar que fuera la mujer del sueño. Esta mujer era morena y tenía vello en los brazos, pero no se parecía en nada a la del sueño. Por la tarde ve un episodio de «I love Lucy» en el cual Lucy y Ethel están intentando hacer un hoyo para la barbacoa en medio de la noche. Se ríe pero, por un minuto, se pregunta cómo hubiera hecho ella el hoyo para la barbacoa. El pensamiento pasa tan rápido que ni siquiera recuerda haberlo tenido.

Bueno, no hace falta que les lleve por todas las etapas. Podría resultar muy prolijo. Normalmente, existiría algún momento en que la mujer llegaría a su personal punto de no retorno. Es muy probable que ello surgiera mediante una acción muy nimia que en ese momento ni tan siquiera notaría. Quizá un buen día ya no pudiera soportar ni un momento más un grifo que goteaba. Habría estado incordiando a su marido para que lo arreglara durante semanas, pero él la había ignorado. Así que coge una llave inglesa y lo arregla. No se lo dice a su marido. De hecho, intenta olvidar totalmente el incidente, porque la hace sentir incómoda. Pero, a partir de ese momento, el rumbo ya está marcado.

Quizá el lector podría argüir que la situación es demasiado simple, que la vida es más compleja que un resumen así de sencillo. Incluso estando de acuerdo con ello, piensen que este ejemplo está lejos de ser simple. Esta mujer no va a cambiar y a convertirse en Josefina la fontanera. No va a perder la feminidad que tanto valora. No obstante, podría terminar por perder a su marido. Probablemente esté casada con un hombre débil, porque un hombre fuerte hubiera querido tener a una mujer real, y ella todavía no sabía qué tipo de mujer era cuando se casó. A medida que va recuperando su naturaleza esencial, irá acumulando fuerza. Con su fuerza renovada, le parecerá extraña e incluso amenazadora a su marido. Surgirán enfrentamientos.

No es fácil enfrentarse a la sombra. Se necesita valor y ésta inevitablemente nos cambia la vida. Para poder reconocer a la sombra, tenemos que reconocer nuestras proyecciones, y después eliminarlas una a una. Eso nos lleva a darnos cuenta de que todos nosotros somos varias personas a la vez; de que somos, al menos en parte, uno con todos los que nos rodean. En la etapa de la sombra, esa conciencia es sólo parcial, pero el sendero que seguimos a partir de entonces es ineludible.

En el siguiente apartado hablaré de la relación entre el mal y la sombra, y veremos algunas técnicas prácticas para integrar las cualidades necesarias de la sombra en nuestra personalidad.

LA SOMBRA Y EL PROBLEMA DEL MAL

... la forma viviente necesita una sombra profunda si tiene que parecer plástica. Sin sombra sigue siendo un fantasma bidimensional, un niño más o menos bien educado.[6]

Cuando las personas oyen por primera vez el concepto junguiano de sombra, normalmente imaginan algo como «la fuerza oscura» de las películas de la Guerra de las Galaxias. Imaginan una lucha entre la luz y la oscuridad, entre el bien y el mal. Recuerden nuestra discusión sobre cómo el cristianismo, con su ideal de perfección, ha llevado con gran frecuencia a tales dicotomías, no sólo en el interior de cada individuo sino también dentro de la totalidad de la cultura cristiana. Si todo lo bueno se atribuye a Cristo y todo lo malo a Satán, no existe espacio alguno para el sombreado o la ambigüedad: los cristianos son buenos y todos los demás son malos. La historia de los pogromos cristianos contra los judíos es prueba suficiente de los resultados de una creencia tal.

---

6. Carl Jung, *Collected Works*, vol. 7, pág. 400.

Pero, evidentemente, el cristianismo no es el único. El islamismo, por ejemplo, tiene una escisión idéntica de luz y oscuridad, de bien y de mal, en su dogma religioso. En la Edad Media, con el cristianismo y el islamismo igualmente convencidos de su rectitud moral, tuvimos trescientos años de las nueve sangrientas guerras que llamamos las cruzadas. ¿Pueden existir muchos episodios de la historia más censurables que la así llamada «cruzada de los niños», donde millares de niños salieron para servir a Cristo y acabaron vendidos como esclavos?

La historia resuena con las llamadas de los que se consideran moralmente superiores: Juan de Torquemada a la cabeza de la Inquisición española, Cotton Mather respaldando y permitiendo los juicios de las brujas de Salem. Más recientemente tenemos a Jimmy Jones y el suicidio masivo de la Guayana, Khomeini y su fanatismo. La lista es interminable. En el momento en que la luz queda separada de la oscuridad, y nos identificamos exclusivamente con la luz, todo aquel que sea diferente a nosotros queda automáticamente identificado con la oscuridad. Pero necesitamos los valores escondidos en la oscuridad igual que necesitamos los valores abiertamente reconocidos de la luz. Esta necesidad nos lleva a proyectar la oscuridad escondida sobre aquellos que percibimos como diferentes a nosotros. Miramos a nuestros enemigos y vemos todo aquello que no queremos ver en nosotros mismos. No es extraño que intentemos destruirlos con tal ferocidad.

Podría parecer que una tragedia de tan enormes proporciones como el Holocausto nos debería haber alertado para siempre sobre la oscuridad que reside en nuestro interior. El odio de Hitler estaba construido sobre una visión de rubios superhombres arios, casados con rubias supermadres arias, criando rubios superniños arios. La oscuridad fue proyectada sobre cualquiera que no encajara en esa imagen: negros africanos, orientales, gitanos, campesinos de Europa oriental y, especialmente, judíos.

Pero la segunda Guerra Mundial apenas había terminado cuando Stalin construyó los gulags y dio paso a la exterminación sistemática de un número incluso mayor de personas de las que habían muerto en el Holocausto. Y la historia continúa: Pol Pot asesinó a gran parte de la población de Camboya; Idi Amin durante unos años estuvo en la mente de todos como el líder absoluto de la depravación. La tortura sistemática de oponentes políticos sigue vigente en El Salvador, en Guatemala, en Brasil; de hecho, hasta hace poco tiempo en casi todos los países de Centro y Sudamérica. En Estados Unidos, las personas llenas de odio siempre han enarbolado la bandera y predicado la pureza cristiana mientras vierten su veneno contra los enemigos tradicionales, las figuras de sombra: los negros y los orientales, los mejicanos y los portorriqueños, los judíos.

FIGURA 10

La sombra diabólica. Siempre y cuando no seamos conscientes de la sombra como parte de nuestra personalidad, ésta se mezclará con todo lo que sea maligno y diabólico. (De *Le Chemin des Écoliers. Reimpresión de Doré's Spot Illustrations.*)

Hay que enfrentarse con la sombra, tanto en un nivel individual como en la vida de la cultura en la que vivimos. Es el primer paso hacia la conciencia. Sin conciencia estamos a merced de lo peor que habita en nosotros. Y ese camino lleva a atrocidades como las que he mencionado arriba y a muchas otras, demasiado numerosas para mencionarlas aquí.

LA SOMBRA OCULTA EN LA LUZ DE LA CIENCIA

Permítanme que les cuente un pequeño relato sobre el mal. Es una historia que enseñan en la universidad en clase de psicología, pero sin ningún juicio moral, porque los juicios morales no se consideran territorio científico. La historia es sobre John B. Watson, el fundador de la psicología prevalente en Estados Unidos: el conductismo. Watson era aficionado a decir que si le dabas un niño lo suficientemente pequeño, él podría convertirlo en aquello que quisieras: un científico, un abogado, un criminal.

Como prueba, una vez llevó a cabo un famoso experimento con un bebé de once meses llamado Albert. Watson asoció un ruido terrorífico con la visión de una rata, hasta que el pobre niño llegó a sentirse aterrorizado por las ratas. Después Watson «generalizó» la asociación hasta que Albert llego a sentir pánico de un montón de cosas: perros, lana, objetos peludos, una máscara de Santa Claus. Watson había intentado ver si posteriormente podía eliminar el miedo mediante técnicas similares. Por desgracia, la madre de Albert, una trabajadora del hospital, dejó el trabajo y Albert se quedó con sus miedos sin tratar.

En este caso, la «luz» era la ciencia, la «oscuridad» la ignorancia. Cualquier cosa que incrementara la luz era buena, no importa lo que hiciera falta para ello. Déjenme que les ponga otro ejemplo de la psicología: las famosas pruebas llevadas a cabo por el psicólogo experimental Stanley Milgram a principios de los años sesenta. Cuando Milgram inició estos experimentos, en realidad esperaba demostrar que los alemanes eran diferentes de usted y de mí y que, por lo tanto, el Holocausto era algo que no podría suceder en Estados Unidos. Su idea era llevar a cabo su investigación en Estados Unidos y después ir a Alemania para realizar la segunda parte. Nunca pasó de la primera.

Milgram pedía a un sujeto experimental que le ayudara con un ensayo de aprendizaje con una segunda persona, que se suponía era el sujeto real que había que estudiar. El segundo sujeto tenía que seleccionar la palabra que asociaba mejor con otra palabra de una lista de cuatro o cinco. Si escogía la palabra equivocada, le daban una pequeña descarga eléctrica para ayudarle a escoger mejor la próxima vez. Si volvía a fallar, aumentaban el voltaje.

El experimento presentado en realidad era falso. No se le daba ninguna descarga eléctrica al segundo sujeto; de hecho, éste era otro psicólogo que también participaba en el experimento. El objetivo real del experimento era ver lo lejos que el primer sujeto estaría dispuesto a ir al administrar descargas eléctricas a la otra persona. El sujeto real tenía que administrar el test, girar un disco selector para fijar el voltaje de la descarga y después pulsar un botón para que pasara la electricidad. La máquina tenía un selector con señales que iban desde «descarga ligera» hasta «peligro: descarga grave.» Pasado ese punto había marcas sin etiquetar que se suponía iban más allá de los límites del experimento.

Milgram quería descubrir lo lejos que iría una persona antes de que se negara a administrar más descargas. Ni él ni ninguno de sus colegas creían que muchas personas siguieran hasta el final. Se equivocaban. ¡Todas lo hicieron! Milgram estaba sorprendido y volvió a diseñar el experimento, haciéndolo cada vez más macabro en el proceso. Grabó una cinta de antemano con el supuesto sujeto llorando, pidiendo ayuda, gritando, y al final del test, silencio total, como si se hubiera desmayado. ¡Un 65 por ciento de los sujetos siguieron con la aplicación del test hasta el final!

Los sujetos no se limitaban a pulsar alegremente los botones. A medida que el test avanzaba, reaccionaban como cualquier otro ser humano. Le suplicaban a Milgram que les permitiera parar. Él fríamente les decía que continuaran. Argumentaban que el sujeto se estaba muriendo. Milgram repetía que el experimento era seguro y que tenía que proseguir. Ésa era la frase clave: «El experimento tiene que continuar.»

De manera sorprendente, Milgram nunca se dio cuenta de que se había colocado en exactamente la misma relación con respecto a las personas que administraban la descarga como ellos con respecto al sujeto que se suponía estaba atado y que recibía la descarga. Milgram insistía en que si él hubiera sido uno de los sujetos, se habría detenido. Pero, de hecho, sí era un sujeto, y no se detuvo.

Su manipulación de los sujetos, mintiéndoles desde el principio, ya era suficientemente mala. Pero, al inicio del experimento, nunca pensó que llegaría a unos resultados tan terribles, a unos resultados potencialmente dañinos, psicológicamente hablando, para sus sujetos. No obstante, tras los primeros experimentos, cuando finalmente se dio cuenta, su humanidad debería haberle hecho detener. Pero no lo hizo; el experimento tenía que continuar.

Milgram nunca admitió que había actuado mal. Muchos psicólogos se quedaron horrorizados ante el experimento. Pero, y esto da mucho más miedo, muchos más psicólogos pensaron que era una idea estupenda y empezaron a diseñar experimentos similares, basados en el engaño del sujeto. Sus argumentos fueron: qué ocasión tan estupenda para conseguir datos reales; no dejemos que el sujeto sepa que es un sujeto, y así conseguiremos respuestas auténticas. La ética de la situación se perdió en medio de las prisas por obtener más datos. Desde entonces han habido muchos experimentos de este tipo, y uno se pregunta si todavía es posible encontrar un sujeto que crea en un experimentador psicológico. Después de todo, ¿acaso no es una constante que el experimentador te pueda estar mintiendo? Pero todo en interés de la ciencia, ustedes ya me entienden.

C.P. Snow trató sobre los límites de la actitud científica en su novela *The Sleep of Reason* (El sueño de la razón).[7] En esta novela, dos amigas de mediana edad, quizá amantes, son juzgadas por haber torturado a un niño. Lo habían hecho básicamente por curiosidad, y con una actitud desapasionada, clínica, que no habría estado fuera de lugar en un laboratorio de investigación. En el transcurso del juicio, todos nuestros intentos normales por distanciarnos de ese tipo de acciones se confunden. Queda claro que, dentro de cualquier definición normal de cordura, las dos mujeres están perfectamente cuerdas. También parece posible que el evento, después de ser cometido, nunca se hubiera repetido. Aunque su acto fue monstruoso, ellas no son monstruos. No podemos descubrir ninguna frontera que las separe de nosotros. A medida que avanza el juicio, el lector se ve forzado cada vez más hacia la conclusión a la que llegó el abogado del siglo XIX quien, después de haber condenado a muerte a un hombre, dijo: «Ahí voy yo, por la gracia de Dios.» O, como Albert el Cocodrilo dice en «Pogo»: «Hemos visto al enemigo y él es nosotros.»

---

7. C.P. Snow, *The Sleep of Reason*, Nueva York, Charles Scribner's Sons, 1968.

Todos tenemos miedo de mirar a los monstruos que tememos habitan en nuestro interior. La antigua historia de la caja de Pandora nos aconseja que dejemos las cosas escondidas allí donde están. Pero es precisamente cuando no examinamos nuestro lado oculto cuando éste crece hasta proporciones monstruosas e irrumpe en el mundo exterior. Una vez empezamos a reconocer que los monstruos que vemos fuera viven dentro, ese peligro decrece. En lugar de ello, descubrimos el principio de la sabiduría que cada supuesto monstruo nos puede enseñar.

Quizá podemos comprender a los sujetos de Milgram; incluso podemos entender al propio Milgram. Si llevamos la imaginación un poco más lejos, podemos ponernos en el lugar de John B. Watson. Y éste es un primer paso, que tan desesperadamente necesitamos, para integrar la sombra.

EL TRABAJO CON LA SOMBRA EN LOS SUEÑOS

Cuando nos encontremos en una situación conflictiva con alguien en un sueño, asumamos que esa otra persona es una figura de sombra que posee alguna cualidad que necesitamos integrar en nuestra personalidad. El hacer esta suposición casi siempre es correcto en los sueños. Las veces en que realmente tenemos razón nosotros y el sueño lo que está haciendo es resumir de manera correcta la situación, son tan poco frecuentes que se las puede considerar la excepción que confirma la regla.

Cuanto más intensa es la lucha, más seguro puede estar de que se encuentra frente a una figura de sombra. Asimismo, cuanto más repugnante o desagradable nos parezca la otra persona, más probable es que sea una figura de sombra. Al principio es difícil de reconocer, ya que las figuras de sombra siempre representan a cualidades que nos negamos a admitir que formen parte de nuestra propia personalidad. Pero una vez aceptada esta premisa, llegará a considerar los sueños de sombra como oportunidades para avanzar en lugar de simples interludios desagradables o de pesadilla.

Si acepta conscientemente que está frente a una parte de sombra de su propia personalidad, descubrirá que con el tiempo sus sueños muestran la evolución de la sombra que antes mencioné (forma no humana, humana despreciada, humana tolerada). También existe siempre una evolución de lo vago y amorfo hacia lo más claramente definido. Ello es debido a que, a medida que su consciente se compromete con el inconsciente, la definición de su sombra particular se va haciendo más precisa. Cuando tratamos con una parte de nuestra personalidad que anteriormente rechazamos, no estamos en posición de hacer delicadas distinciones de valor la primera vez que aparece la sombra. Más adelante llegamos a descubrir lo que realmente son las capacidades inconscientes que son exclusivamente nuestras.

No se preocupe si durante este proceso de enfrentamiento con la sombra no consigue entender conscientemente lo que representa. Simplemente siga respetándola, admitiendo ante usted mismo que la sombra probablemente tiene razón y usted no. Muchas veces el tema se resuelve solo mucho antes de que conscientemente podamos comprender de qué se trataba.

Por ejemplo, un paciente tuvo un sueño donde un hombre negro, mezquino y ambicioso, era propietario de un hotel donde él y su mujer residían. El hombre negro había hecho construir los baños de tal manera que cualquiera que quisiera utilizarlos tenía que pasar por un complicado proceso en dos fases, y tenía que pagar en cada una de ellas. En ese momento, sólo se dio cuenta parcialmente del mensaje del sueño: se percató de que necesitaba algunas características que él consideraba «mezquinas,» pero no sabía de qué características se trataba.

En realidad, estaba entrando en una época de su vida en que necesitaba pensar menos en los demás y un poco más en sí mismo, porque se estaba preparando para dar un giro muy importante a su carrera. Tenía tantas personas que dependían de él para el apoyo emocional que no tenía tiempo para atender a sus propias dificultades. Sólo más adelante se dio cuenta de que la figura de sombra le estaba diciendo que necesitaba hacer más difícil para los demás que «vertieran su porquería» encima de él. Aunque, naturalmente, no fue capaz de discernir todo eso en el momento del sueño, por lo menos reconoció que se trataba de un sueño de sombra y que probablemente necesitaba estar dispuesto a ser más «mezquino.»

La elección de un «hombre negro» es algo típico del inconsciente de un soñante blanco. El tener este sueño no significa que el soñante sea un racista. Los sueños típicos de los blancos utilizan hombres negros, indios americanos, indios (de la India), campesinos mejicanos, etc. para representar los sueños de sombra. Los negros pueden utilizar a hombres blancos para su sombra, más la mayoría de combinaciones antes mencionadas, excepto negros, claro. En otras palabras, nuestros sueños utilizan a personas de cualquier raza o personalidad que sea lo más diferente posible de nuestra propia experiencia para representar a la sombra.

Cuando los temas de sombra se acercan a su resolución, frecuentemente existe una ambigüedad de identidad en el sueño, especialmente una ambigüedad entre el soñante y alguna otra figura. Por ejemplo, una paciente de mediana edad tuvo una serie de sueños donde no le quedaba claro si ella estaba en el sueño, o si era una mujer joven, bastante más joven que su edad real. El simbolismo del sueño indica que se estaba dando una fusión entre la mujer de mediana edad y una parte más joven de ella misma.

LOCALIZAR LA SOMBRA EN LA VIDA COTIDIANA

Aprender a reconocer la sombra en los sueños ayuda a poderla reconocer en la vida cotidiana. Busque los estallidos emocionales. Si alguien le pone nervioso, es posible que él o ella esté representando a su sombra; está proyectando su sombra sobre alguien que ofrece un gancho para colgarla. En estos casos, en lugar de quedarse con la emoción, intente darse cuenta de qué va su tema, no el de esa otra persona, y de que está proyectando su propia sombra.

Es mucho más difícil aceptarla en la vida cotidiana que en los sueños. Incluso aunque comprenda conscientemente el proceso de proyección de la sombra, se descubrirá a usted mismo negando que lo hace. Seguirá diciéndose algún tipo de «sí, pero» a sí mismo. Cuanto más le irrite esa persona, más seguro puede estar de que está frente a la sombra. El enojo causado por la sombra está rodeado de una cualidad irracional que gradualmente sabrá distinguir del enojo genuino que se experimenta al encontrarse frente a una injusticia. Una vez más, es mejor, en las primeras fases de enfrentamiento con la sombra, asumir siempre que se trata de un tema propio, no de la otra persona. No se equivocará mucho si hace esa suposición.

Gradualmente irá progresando al tratar con las proyecciones de la sombra. Al principio sólo podrá reconocer la proyección después del hecho. No se desanime; ése es el primer paso para más adelante retirar la proyección e integrar la sombra. Más tarde descubrirá que puede reconocer la sombra en el momento en que ocurre el hecho. Es decir, se enfada, explota, e inmediatamente reconoce su enojo antes de que salga y, consiguientemente, ya no tiene que expresarlo.

Una vez se va mejorando la técnica, casi siempre habrá una pausa interior entre un acontecimiento que detona el enojo y la expresión de ese enojo. Entonces podrá escoger entre expresar el enojo porque es apropiado y no hacerlo porque sería inapropiado. Esta supresión consciente del enojo es muy diferente de una represión inconsciente porque se tiene miedo de enfrentarse a él. La proyección es un proceso inconsciente; una vez se da cuenta de sus propias proyecciones, gradualmente éstas desaparecen. Las figuras de sombra pasan entonces a sus sueños, donde puede trabajar con ellas de manera más eficaz de lo que se puede hacer en la vida cotidiana.

Debido a que continuamente estamos excavando del inconsciente partes olvidadas de nuestra personalidad que necesitamos en un estadio determinado de nuestro desarrollo, continuamos teniendo sueños de sombra a lo largo de toda nuestra vida. No obstante, existe una fase bien clara de sombra en el proceso de individuación. Una vez el consciente se compromete con el inconsciente para acelerar el proceso de individuación, nos encontraremos con temas de sombra. También aparecerán temas relativos al anima y al animus, al Self o al complejo materno o paterno: arquetipos que trataremos en los capítulos siguientes. Sin embargo, normalmente, de manera abrumadora, los temas que surgen en la fase temprana de este proceso tienen que ver con la sombra.

La fase de la sombra es esa etapa de nuestro desarrollo cuando nos vemos forzados a admitir conscientemente que ciertos rasgos de

134

personalidad indeseables son una parte nuestra. Una vez hemos pasado totalmente por este proceso, habremos accedido a una fase diferente de nuestro desarrollo personal. Aunque habrá otras figuras de sombra que aparezcan en el futuro, nunca volveremos a tener que aprender el proceso de integración de la sombra. Una vez integrada la sombra, pasamos al siguiente arquetipo, que Jung llamó el anima/animus.

Capítulo 6

EL ANIMA Y EL ANIMUS

Todo hombre lleva en su interior la eterna imagen de la mujer, no la de esta o aquella mujer en particular, sino una imagen femenina definida. [...] Lo mismo se puede decir de la mujer: ella también tiene su imagen innata del hombre.

CARL JUNG

El anima (alma en latín) es el aspecto femenino del inconsciente de un hombre, el animus (mente o espíritu en latín) es el aspecto masculino del inconsciente de una mujer. Integrar el anima o el animus es una tarea mucho más difícil que integrar la sombra.

Para integrar la sombra se precisa un alto nivel de valentía y sinceridad, pero éste es sólo el primer paso hacia un crecimiento psicológico y espiritual. El aceptar la sombra como parte de nuestra personalidad requiere que redefinamos la persona que somos y aquello en que creemos. Tenemos que reconocer que, de hecho, tenemos necesidades y deseos que previamente consideramos inútiles o inmorales. La nueva autodefinición inevitablemente nos fuerza a aceptar un nuevo conjunto de opciones morales. Antes de aceptar la sombra, muchas acciones eran impensables porque «nosotros no éramos de ese tipo de persona.» Ahora nuestros horizontes se han ensanchado, y vemos que las situaciones que antes considerábamos blancas o negras, ahora parecen grises. Consiguientemente, la transición de la etapa de la sombra a la del anima/animus frecuentemente viene marcada por alguna acción por nuestra parte que a la larga nos llevará a una profunda agitación emocional.

CÓMO JUNG DESARROLLÓ EL CONCEPTO DE ANIMA/ANIMUS

Actualmente muchas veces se critica el concepto junguiano de anima/animus como sexista. Es importante darse cuenta de que Jung fue un pionero de los derechos de la mujer. En una época en que los valores de la mujer prácticamente eran ignorados, Jung argumentó que un hombre tenía que abordar el tema de sus cualidades femeninas y una mujer el de sus cualidades masculinas, para poder ser una persona completa. Ésa era, y sigue siendo, una idea radical. Por desgracia, en sus descripciones del anima y del animus Jung frecuentemente dio por sentado la universalidad de los rasgos de personalidad masculina y femenina de su época. Esto resulta particularmente ofensivo para muchas mujeres, puesto que lo último que ellas necesitan actualmente es una teoría que predefina de qué son y de qué no son capaces las mujeres.

Tan sólo estamos empezando a pensar en profundidad en las similitudes y diferencias entre hombres y mujeres. En esta primera etapa de nuestra investigación, nadie sabe con certeza cuáles de las capacidades y características de personalidad son inmanentes en hombres y mujeres y cuáles les han sido impuestas culturalmente. Al igual que todos los temas referentes a la dicotomía naturaleza/educación, la situación es compleja y no se presta a generalizaciones fáciles. No obstante, está claro que los hombres han limitado de manera artificial las posibilidades sociales de las mujeres en prácticamente todas las culturas. Las mujeres actuales están demostrando que pueden hacer cualquier cosa que pueda hacer un hombre si la oportunidad se presenta.

FIGURA 11

Cuando tratamos con el animus y el anima, muchas veces nos vemos forzados a escoger entre los valores que más apreciamos, de manera muy similar a la Ilíada, cuando Cresida se sintió dividida entre el «amor eterno» que había sentido por Troilo y el nuevo amor que sentía por Diomedes. (*Troilus and Criseyde. Reimpresión de William Morris: Ornamentation & Illustrations from the Kelmscott Chaucer.*)

Como fue prácticamente el caso de todos sus demás descubrimientos, Jung llegó a este concepto de anima/animus al principio por necesidad, y lo fue desarrollando con el tiempo a medida que se incrementaban sus conocimientos. Como recordarán del capítulo 4, éste fue el mismo patrón que Jung siguió al desarrollar su teoría de los tipos psicológicos. Al principio pensó que era suficiente separar las personas en introvertidos, que experimentaban el mundo de manera subjetiva, y extravertidos, cuya experiencia del mundo era objetiva. Supuso que los introvertidos principalmente piensan bien las cosas, mientras que los extravertidos responden a las personas y objetos del mundo a través del sentimiento. Gradualmente se fue dando cuenta de que el pensamiento y el sentimiento (y más ade-

139

lante la sensación y la intuición) eran dimensiones independientes de la personalidad, que podían ser introvertidas o extravertidas.

Asimismo, el concepto inicial que Jung tenía de la sombra como el «otro» que representa nuestras características reprimidas o no desarrolladas estaba mezclado con el concepto de la sombra como figura arquetípica que personifica el mal. Como la sombra, al igual que cualquier otra invariante cognitiva, es algo colectivo, nunca podemos llegar a su fin. Una vez integramos todas nuestras cualidades personales de sombra, seguirán existiendo otras que son tan ajenas a nosotros que nunca las integraremos en nuestra personalidad. En el inconsciente inevitablemente quedarán asociadas con el mal, ya que están tan alejadas de nuestra experiencia. Pero ello no significa que la sombra sea malvada, ni tan siquiera la sombra colectiva que queda después de haber integrado nuestras cualidades de sombra personales. Sólo significa que la relación entre consciente e inconsciente es demasiado compleja para poder ser clasificada fácilmente.

Jung siguió preocupándose por el concepto del mal durante toda su vida profesional, y siguió hablando de ello en sus últimos escritos. Aunque queda claro en sus ensayos que era perfectamente consciente de lo que acabo de mencionar, nunca hizo una separación tan clara del tema como hizo con los tipos psicológicos. Por desgracia el concepto de anima/animus sufre de la misma falta de discriminación clara.

Jung desarrolló por primera vez el concepto de anima/animus al mismo tiempo que su teoría de los tipos psicológicos. Al final de *Psychological Types*,[1] Jung incluyó 80 páginas de definiciones. Cada definición era un maravilloso miniensayo que resumía las ideas de Jung en esta primera fase de su pensamiento. La definición en cuestión no se llama anima ni animus, sino alma. Jung sostenía que todos contenemos una personalidad autónoma, que estructura nuestra vida interior, y que proyectamos sobre el mundo. Esta personalidad es lo que hombres y mujeres han denominado alma a lo largo de la historia.

---

1. Carl Jung, *Collected Works*, vol. 6.

Jung pronto se dio cuenta de que necesitaba encontrar un término neutral que no tuviera las connotaciones religiosas (especialmente cristianas) que «alma» había ido adquiriendo con los años. El concepto religioso de alma tiene una historia muy larga, que se remonta a la India hace casi tres mil años. Con el transcurso de los milenios, ha ido adquiriendo un sombreado de capas doctrinales específicas de las culturas en las que fue evolucionando. Por ejemplo, según se enseña en el cristianismo actual, el alma es la parte eterna de una persona que habita en el cuerpo mientras vivimos y después lo abandona al morir. Esto no es a lo que se refería Jung con el término alma. Habría sido una tarea inútil que Jung pidiera a los hombres y mujeres contemporáneos que dejaran a un lado todo lo que habían aprendido sobre el alma durante su desarrollo, para regresar a su propia experiencia personal. Así que necesitaba un término nuevo.

El amplio conocimiento que Jung tenía sobre sueños, mitos y cuentos de hadas le convenció de que los hombres experimentaban su alma como algo femenino y las mujeres como masculino; por lo tanto, decidió utilizar los términos latinos anima y animus como sustitutos de alma. En su breve ensayo sobre el alma incluido en *Psychological Types*, este concepto era todavía tan nuevo que sólo utilizó la palabra anima dos veces y animus una sola vez. Pero después de haber llegado a estos términos, los utilizó exclusivamente durante el resto de su vida y nunca volvió al concepto de alma.[2]

DOS ASPECTOS DEL ANIMA/ANIMUS

Como ya vimos extensamente en el capítulo anterior sobre la sombra, cuando la vida se vuelve demasiado unilateral, cuando hemos agotado nuestros recursos conscientes, nos vemos forzados a diri-

---

2. Para interesados en explorar la historia del concepto del alma, les recomiendo el libro *Soul's Journey: A Jungian Analyst Looks at Reincarnation*, de John A. Sandford; Nueva York, Crossroad Publishing Company, 1991.

girnos hacia el inconsciente. En el inconsciente, los mismos rasgos de personalidad que necesitamos se personifican como sombra. Tanto si los encontramos en los sueños como si los proyectamos en personas del mundo exterior, a la larga nuestro consciente se ve forzado a enfrentarse con esas cualidades de sombra. Cuando llegamos a ser más sinceros y reconocer el hecho de que poseemos esas características, las figuras de sombra evolucionan hacia el consciente. Finalmente, las cualidades necesarias se integran de tal manera en la personalidad que forman parte de nosotros. En ese punto, es el anima/animus el que aparece en nuestra vida.

Ésta es la cadena de acontecimientos tal como se presenta normalmente en la psicología junguiana. Está razonablemente cerca de la realidad, pero necesita ciertas enmiendas. En realidad, una vez integrados los aspectos personales de la sombra en nuestra personalidad, aparecen dos temas separados, que se confunden entre sí porque ambos son representados en los sueños (y en nuestras proyecciones del mundo exterior) por figuras del sexo opuesto:

1) Más temas de la sombra personal que están disfrazados porque ahora la sombra está representada por una persona del sexo opuesto. Después, cuando estas cualidades quedan integradas en la personalidad, nos tropezamos con una auténtica invariante cognitiva.

2) Un arquetipo colectivo, impersonal, de relación entre nosotros y el mundo, tanto interior como exterior, que es a lo que Jung se refería al hablar de anima/animus. Éste se representa por el sexo opuesto porque nuestra relación con el sexo opuesto es la relación primordial de nuestra vida adulta.

Lo que yo denomino características de sombra del anima/animus Jung las describía como el contenido inconsciente del anima/animus, que se podía integrar en la conciencia. Cuando se refería al anima/animus como la representación arquetípica de la relación, Jung los describía como la función con la cual nos relacionamos con el inconsciente colectivo, de la misma manera que nos relacionamos con el mundo exterior a través de la persona.

EL ANIMA/ANIMUS COMO SOMBRA

Tanto si los seres humanos poseen como si no capacidades y características innatas basadas estrictamente en su género, la cultura nos ha obligado a una separación de capacidades. Hasta hace muy poco tiempo, los roles de hombres y mujeres han estado claramente divididos. Debido a esa división, que dura ya milenios, ciertas maneras de relacionarse con el mundo han llegado a ser representadas en el inconsciente por mujeres, otras por hombres. Encontramos anteriormente una situación similar con el tema de la sombra. Los temas de sombra son representados en los sueños de una persona de raza blanca por negros o indios, etc. (y naturalmente, los blancos representan la sombra de los negros, etc.) independientemente del racismo o no racismo del soñante. El inconsciente es una fuerza de la naturaleza como el mar o los vientos; al igual que esas fuerzas de la naturaleza, el inconsciente es inmune a nuestros juicios morales.[3]

No todos nacemos con capacidades y necesidades idénticas, como ya mencionamos en nuestra discusión sobre los tipos psicológicos. Jung identificó algunas de esas diferencias (extraversión e introversión, pensamiento, sentimiento, sensación e intuición) como funciones psicológicas separadas. Cada uno de nosotros nos concentramos en nuestros puntos fuertes (las capacidades contenidas en nuestra función superior) hasta que están bien desarrollados (por ejemplo, el pensamiento). Después nos centramos en desarrollar una o ambas funciones auxiliarias. (En este ejemplo, serían la sensación y la intuición.) Probablemente nunca llegaremos a desarrollar al completo esas funciones auxiliares, ciertamente no al mismo nivel de nuestra función superior, pero podemos avanzar mucho.

Pero la función inferior (sentimiento, en este caso) es otra historia. Como ya vimos en nuestra exposición de la sombra, finalmente alcanzamos un punto en que ya no podemos vivir sin la función inferior. Eso es porque es la única puerta a la experiencia numino-

---

3. Ésta es una razón excelente por la cual el inconsciente, tal como se expresa en los sueños, no debería ser obedecido ciegamente.

sa del inconsciente colectivo. Es esta búsqueda de lo numinoso lo que nos fuerza a tener finalmente un encuentro con la sombra.

Una vez nos hemos relacionado satisfactoriamente con todas las partes de nuestra función inferior (representada por alguien del mismo sexo), el inconsciente tiene que producir figuras del sexo opuesto. No tiene ninguna otra posibilidad. Esto no tendría por qué ser necesariamente así en una cultura donde existiera poca separación entre los roles masculinos y femeninos. Nuestros sueños seguirían utilizando figuras del mismo sexo, y la ambigüedad que estoy describiendo no existiría. Por supuesto, también es bastante probable que en una cultura así la sombra no sería necesariamente una persona del mismo sexo del soñante. La fórmula junguiana tradicional del mismo sexo = sombra, sexo opuesto = anima/animus dejaría de ser relevante. Pero no vivimos en una cultura así, y por cuanto podemos determinar en este punto de nuestros conocimientos sobre el género, no ha existido ninguna cultura de esta índole hasta la fecha.

> ... si, como resultado de un largo y profundo análisis y la retirada de proyeccciones, el ego ha empezado a separarse satisfactoriamente del inconsciente, el anima gradualmente cesará de actuar como una personalidad autónoma y se convertirá en una función de relación entre consciente e inconsciente.[4]

El separar estas figuras de sombra contrasexuales de las que representan el anima/animus como función impersonal no es precisamente fácil, y además Jung no le dedicó excesiva atención. Es un problema suficientemente serio como para descartar el modelo junguiano de anima/animus por completo, pero eso sería como tirar al niño con el agua de la bañera. Parece ser cierto que estructuramos la realidad mediante una invariante cognitiva, que parece personificarse en el inconsciente como una figura del sexo opuesto. Es sólo que no todas esas figuras representan esa función. Bueno, la vida es dura, ¿no?

---

4. Carl Jung, *Collected Works*, vol. 16, pág. 504.

Afortunadamente, podemos hacer gran parte del trabajo psicológico necesario sin reconocer en absoluto la distinción que acabo de
hacer. Hasta el punto en que un hombre normal de nuestra cultura
se vaya volviendo más sensible y receptivo (las necesidades normales
de un hombre occidental cuando ha agotado la sombra masculina),
o una mujer aprenda a discriminar y a reafirmarse (las necesidades
normales de una mujer occidental después de integrar su sombra
femenina), ambos integrarán el aspecto contrasexual de la sombra y
empezarán a relacionarse de manera más consciente con el
anima/animus.

La parte difícil, incluso en nuestra época algo más esclarecida, es
que un hombre reconozca que una mujer puede tener rasgos de
carácter que él necesita y desea (y viceversa). Pero, una vez más, a
riesgo de hacerme pesado, diré que estos rasgos no son necesariamente fijos para hombres y mujeres de todas las culturas y épocas.
E incluso dentro de nuestra propia cultura, encajan muy bien en
algunos hombres y mujeres, en otros algo menos, y en otros prácticamente nada.

El tema se ve mucho más claramente en el caso de esos miembros de cada sexo cuyos puntos fuertes y débiles no son considerados normales en nuestra cultura para alguien de su sexo. Recuerden
el ejemplo de la niña con habilidades mecánicas reprimidas. Es muy
difícil que encuentre modelos entre otras mujeres; se verá en gran
parte forzada a buscar entre los hombres esos rasgos particulares de
personalidad que sólo los hombres poseen en gran número en nuestra cultura. Asimismo, los hombres tienen que dejar de preguntarse, como el profesor Higgins de *My Fair Lady*: «¿Por qué una mujer
no puede ser más como un hombre?» Los hombres tienen que
empezar a preguntarse: «¿Cómo puede un hombre ser más como
una mujer?» (sin dejar de ser un hombre).

En los años ochenta se dieron muchos intentos breves de resolver este problema mediante la androginia: ¿recuerdan lo estimula-
mente (y un poco alarmante) que al principio nos parecía Boy
George, con su maquillaje, su manera femenina de vestirse y de
actuar? O recuerden a Grace Jones, con su aspecto como un cruce
entre una amazona y un ama dominante. Estas imágenes ahora nos
parecen blandas y algo más que estúpidas. La androginia sexual no

es el objetivo; es sólo un intento intermedio de probarse las características que asociamos con el sexo opuesto durante un tiempo,
para descubrir cómo se siente uno con ellas. A la larga, los hombres
tienen que volver a ser hombres, las mujeres a ser mujeres, dentro
de sus culturas, pero con una visión más amplia con la cual poder
observar la realidad.

EL ANIMA/ANIMUS
COMO ARQUETIPO DE RELACIÓN

... El anima no es más que una representación de la naturaleza
personal del sistema autónomo en cuestión. Lo que es la naturaleza de este sistema en un sentido trascendente, es decir, más
allá de los límites de la experiencia, no podemos saberlo.

He definido el anima como una personificación del inconsciente en general, y lo he considerado como un puente al
inconsciente, en otras palabras, como una función de relación
con el inconsciente.[5]

Después de haber integrado los aspectos de sombra del anima/ani-
mus, ¿qué queda que se pueda representar mejor en el inconsciente con una figura del sexo opuesto? ¡La relación! La relación entre
un hombre y una mujer, una totalidad que es mayor que cualquiera de los dos individuos participantes en la relación. Esta relación es tan significativa en nuestras vidas que filtramos gran parte
de nuestra percepción de la realidad, tanto si es realidad interior
como exterior, a través de esa experiencia. El aspecto arquetípico
del anima/animus no está gobernado por las características particulares que el sexo opuesto posee; viene determinado por la rela-

---

5. Carl Jung, *The Collected Works*, vol. 13: Alchemical Studies, 1967, Princeton,
   Princeton University Press, págs. 61-62.

ción que tenemos con alguien que es necesariamente diferente de lo que somos nosotros, pero no por ello considerado como la sombra, es decir, un antagonista.

FIGURA 12

Cuando trabajamos con el anima y el animus, la sensación es como sentirse tirado por dos extremos opuestos, con Eros en el centro. (Reimpresión de *1001 Spot Illustrations of the Lively Twenties*.)

Al igual que el tipo introvertido y el extravertido eligen sus caminos característicos entre la miríada de opciones de la vida, también nuestra vida se estructura mediante las conductas sexuales innatas y las estructuras arquetípicas que evidenciamos hacia el sexo opuesto. Es decir, nos comportamos con relación al mundo de manera muy parecida a como lo hacemos con el sexo opuesto. Si tendemos a dominar a nuestro compañero sexual, tendemos a dominar a otras personas y a otras situaciones. Si coqueteamos pero no nos comprometemos con nuestros compañeros sexuales, es probable que hagamos lo mismo con todo lo que llega a nuestra vida. Esto es exactamente lo que es el anima/animus: una estructura interior a través de la cual tenemos una relación en la vida, porque la relación adulta primordial es la que existe entre hombre y mujer.

Naturalmente, la situación de la vida real es mucho más compleja que este simple resumen. Existen muchas relaciones en nuestra vida aparte de las que tenemos con el sexo opuesto, por ejemplo, como niño: el hijo del padre, la hija de la madre, amigos, compañeros estudiantes, profesores, y después relaciones adultas con colegas y jefes, etc. Todas estas relaciones ofrecen filtros a través de los cuales las experiencias vitales pasan a nuestro consciente. No obstante, con excepción de la relación infantil con los padres, es probable que ninguna de esas otras relaciones puedan compararse en intensidad y complejidad con la relación con el sexo opuesto.

Mientras tengamos temas de la infancia por resolver con nuestros padres, esos temas seguirán ocupando el lugar central de nuestra vida adulta. Una vez resueltos estos temas de la infancia, nuestra relación con el sexo opuesto se convierte en la relación primordial de nuestra vida adulta. Muchas veces es la misma aparición del sexo opuesto en nuestra vida lo que nos fuerza a finalmente resolver temas de la infancia. Cualquier relación lo suficientemente intensa para alejarnos del apego infantil hacia los padres es realmente muy importante, y a partir de allí se convierte en el principal filtro psíquico.

LA AGITACIÓN EMOCIONAL CAUSADA
POR EL ANIMA/ANIMUS

Debemos empezar por vencer nuestro acopio de virtudes, con el temor justificado de caer en el pecado que está en el otro extremo. Este peligro ciertamente existe, porque la mayor virtud siempre queda compensada interiormente por una fuerte tendencia hacia el pecado, y cuántos caracteres pecaminosos atesoran en su interior dulces virtudes y una megalomanía moral.[6]

---

6. Cita de Jung, del libro *C.G. Jung: Psychological Reflections*, Jolande Jacobi y R.F.C. Hull, comp., Princeton, Bollingen series, Princeton University Press, 1973, pág. 102.

Todas las etapas de la experiencia que un hombre tiene de la mujer: madre, hermana, amante, compañera, son experiencias del mundo exterior, experiencias de la primera mitad de la vida. Igual que llega la sombra para despertarnos a nuestras necesidades interiores cuando empieza la segunda mitad de nuestra vida, el anima/animus continúa con el trabajo interior que la sombra inició. Empecé este capítulo diciendo que era posible que la entrada a la fase anima/animus nos produjera una agitación emocional. La diferencia entre la lucha durante la etapa de la sombra y la que surge durante la del anima/animus es como la que existe entre confesarnos a nosotros mismos que a veces deseamos a alguien sexualmente y enfrentarnos realmente a los cambios que se dan en nuestra vida después de empezar nuestra actividad sexual. Y esa es, ciertamente, una diferencia muy notable.

Para poder integrar la sombra tenemos que aceptar que tenemos pensamientos y deseos que no encajan con la prístina imagen que tenemos de nosotros mismos. Tenemos que aceptar que existe algo más que el papel que interpretamos en la sociedad o en el hogar. Tenemos que dejar de juzgar a los que nos rodean y aceptar que el problema reside en nuestro interior. Y después tenemos que dejar de juzgarnos también a nosotros mismos. Tenemos que comprender que esas cualidades al parecer horrendas de las que intentamos escapar podrían tener algún significado en nuestra vida.

Ello requiere un enorme coraje y sinceridad, así como grandes dosis de paciencia para realizar la tarea. No obstante, la mayor parte del esfuerzo empleado para integrar la sombra en la personalidad es el que se hace con el inconsciente personal. En el núcleo de la sombra existe una invariante cognitiva del temido «otro» que trasciende nuestra experiencia personal y es, por ello, colectiva. Pero las cualidades que integramos en la personalidad son las nuestras (aunque a veces no las reconozcamos como tales). Una vez dejamos de luchar contra ellas, podemos sentir la fuerza del reconocimiento.

El anima y el animus son asuntos muy diferentes. En este próximo apartado hablaré sobre técnicas prácticas para la integración del anima/animus y seguiré su más reciente desarrollo arquetípico.

EL ANIMA/ANIMUS EN LOS SUEÑOS

... El mundo sólo está vacío para aquel que no sabe cómo
dirigir su libido hacia cosas y personas y convertirlas en algo
vivo y hermoso. Lo que nos obliga a crear un sustituto desde
nuestro interior no es una carestía exterior, sino nuestra propia incapacidad para incluir cualquier cosa fuera de nosotros
dentro de nuestro amor.[7]

El anima y el animus aparecen en los sueños de maneras mucho
más complejas de como lo hace la sombra. Sabemos ahora que lo
que parece ser el arquetipo del anima/animus puede que en realidad
sea otra fase de la sombra, una que necesariamente viene representada por figuras del sexo opuesto. Ello queda frecuentemente bien
descrito por una figura que combina la sombra con el anima/ani-
mus (las personas de raza blanca pueden ver una figura de piel oscura del sexo opuesto, etc.).

Si las personas tienen temas padres/hijos por resolver (¿y quién no
los tiene?), el anima/animus frecuentemente aparece mezclado con
el arquetipo de la madre o del padre en las primeras fases de los sueños. Una de las manifestaciones más habituales de ello para un hombre es la de una mujer atractiva y dominante por la que se siente
tanto atraído como amedrentado. Si el hombre no ha sido capaz de
separarse satisfactoriamente de su madre (y recuerden que estamos
hablando no sólo de su madre biológica sino también del arquetipo
de la madre), la mujer de sus sueños puede incluso llegar a devorar-
lo. Tales sueños reflejan el conflicto entre el deseo de comodidad y
seguridad (representado por la madre) contra el deseo por la pasión
y la excitación (representado por una compañera sexual). Hay tantas
variaciones del tema como hombres y mujeres existen.

Con frecuencia se dice en la literatura junguiana que el anima
aparece en los sueños de un hombre como una sucesión de mujeres

---

7. Carl Jung, *Collected Works*, vol. 5, pág. 253.

bien definidas y que el animus aparece en los sueños de una mujer como grupos de hombres relativamente amorfos. Aunque ello se acepta de manera bastante general, yo nunca he descubierto nada que corroborara esta teoría al examinar mis propios sueños y los de pacientes, amigos y conocidos. Yo he visto que tanto hombres como mujeres normalmente sueñan con figuras individuales y definidas, aunque ambos sueñan en ocasiones con grupos de figuras indefinidas del sexo opuesto. (Estoy seguro de que los lectores ya habrán adivinado que estos grupos de figuras indefinidas son tempranas figuras del anima/animus.)

El compañero de una persona, llamado también el otro significativo, aparece en los sueños con mucha más frecuencia que cualquier otra figura del sexo opuesto. A menudo esa persona es justo lo que él o ella parece ser: la persona real. En estos casos, lo que el sueño representa es un cierto conflicto entre el soñante y su compañero, que tendrá que resolver. Pero con mayor frecuencia el compañero es también una representación más de las cualidades contrasexuales del soñante. Después de todo, es más probable que generalicemos acerca del sexo opuesto basándonos en aquello que sabemos de nuestra vida cotidiana. En tales casos, sirve de ayuda pensar que el compañero representa aquellas cualidades del sexo opuesto que sentimos que conocemos y comprendemos.

DIOSES Y DIOSAS EN NUESTROS SUEÑOS

A menudo el anima/animus aparece en sueños como un dios o una diosa. En nuestros días, la cosa más cercana que tenemos a un dios o una diosa son las celebridades, así que la gente famosa que encontramos en nuestros sueños debería ser considerada como dioses y diosas de la época moderna. Por ello es importante considerar qué representa un dios o una diosa.

¿Recuerdan el esfuerzo que hizo Jung para comprender las diferencias temperamentales entre Freud y Adler, y entre ellos dos y él mismo? Eso le llevó a darse cuenta de que los seres humanos se pueden clasificar con un número finito de diferentes tipos de personalidad. Después desarrolló un sistema de tipos psicológicos para explicar esas diferencias. En el fondo, lo que hizo fue dividir a las personas en pares de opuestos, basados en varias características que Jung descubrió que eran primordiales para todos los seres humanos: introversión y extraversión, pensamiento y sentimiento, sensación e intuición. Era algo similar a la manera como los antiguos griegos identificaban cuatro tipos básicos de personalidad, que ellos llamaban humores, basados en las polaridades de caliente y frío, seco y húmedo.

No obstante, existe una manera alternativa, igualmente antigua, de clasificar las diferencias de personalidad. En lugar de buscar las polaridades subyacentes, se identifican tipos concretos de personas basándose en alguna característica predominante de la personalidad que sobresale del resto, por ejemplo: «el avaro» o «la seductora.» La ventaja de crear categorías es que siempre se pueden añadir las nuevas cada vez que se identifica un nuevo tipo. La desventaja es que no existe un método sistemático que enlace todos los tipos de personalidad; tranquilamente pueden existir cien tipos de personalidad, o incluso mil. Pero, en la práctica, tales categorías normalmente se limitan a un número relativamente pequeño de personalidades.

En una amplia variedad de culturas antiguas, cada rasgo de personalidad distintivo valorado por esa cultura era personificado por un dios o una diosa. Por ejemplo, la fuerza del guerrero quedaba personificada por el dios romano Marte, el griego Ares, el escandinavo Tor, etc. En los años noventa, esa fuerza queda mejor representada por astros del cine, como Sylvester Stallone o Arnold Schwarzenegger. En épocas antiguas, la inteligente y pícara argucia quedaba representada por el dios romano Mercurio, el griego Hermes, el escandinavo Loki. En nuestra época actual, ¿quizá se nos ocurriría más pensar en Billie Crystal o Eddie Murphy? Para los romanos, Venus era la encarnación del amor y de la belleza; para los griegos era Afrodita. Más que cualquier otra celebridad moderna, Marilyn Monroe representó ese arquetipo, pero figuras contemporáneas de tan diferente carácter como Julia Roberts y Madonna compiten para representar aspectos opuestos de Venus/Afrodita.

FIGURA 13

En la mitología, cada dios o diosa representaba principalmente una sola característica humana, llevada a una dimensión más que humana. Para los romanos, Venus
representaba la belleza femenina. Los dioses y las diosas siguen apareciendo en nuestros sueños y proyecciones, aunque en la época actual es más fácil que aparezcan como
estrellas de cine o del rock'n'roll. (*Venus and Cupid*. Reimpresión de *Pictorial Archive
of Decorative Renaissance Woodcuts*.)

153

Cualquier rasgo que admiremos, deseemos o temamos es probable que sea proyectado en un dios o una diosa. Cuando todavía creíamos en un abanico de dioses y diosas, levantábamos altares para honrarles y ofrecíamos sacrificios para obtener sus favores. Los dioses y las diosas que estaban más de moda se podían reconocer fácilmente por el número de personas que asistía a sus santuarios y por la riqueza de las ofrendas de sus altares. Si un santuario era poco visitado y estaba cubierto de malas hierbas, podíamos estar seguros de que las características de ese dios o diosa ya no se valoraban tanto ni eran temidas por esa sociedad. Actualmente podemos dirigirnos a la taquilla cinematográfica para hacer una evaluación instantánea de qué dios o diosa goza del favor de los simples mortales o bien está pasando al olvido.

Todo dios o diosa que haya vivido alguna vez sigue existiendo en la memoria ancestral que poseemos todos los seres humanos. La humanidad no ha cambiado tanto en el millón o dos de años (según distintas teorías) de nuestra historia. Tenemos más cosas en común con nuestros parientes de las cavernas o de la sabana africana que diferencias. Al principios, de la historia de la humanidad surgió un pequeño número de rasgos de carácter que han permanecido prácticamente inalterados a través de los años. La historia de los dioses y las diosas es la de las variaciones sobre aquellos tipos humanos eternos (o si no estrictamente eternos, de evolución tan lenta que parecen serlo).

Aunque podemos soñar despiertos con conocer a una estrella de cine o del rock (recuerden que son los dioses y diosas del mundo moderno), sin duda nos quedaríamos petrificados si llegara a producirse ese encuentro. Los dotamos de una perfección tan poco humana que sería imposible una relación real. Pero nuestros sueños no se detienen en ese punto: igual que los antiguos mitos estaban encantados de ofrecernos historias de dioses y diosas que andaban por la tierra, y sus encuentros con mortales, nuestros sueños nos reúnen con nuestros dioses actuales.

Cuando necesitamos relacionarnos con el mundo de una manera nueva y diferente, nuestros sueños producen a un dios o una diosa que posee las capacidades que necesitamos. Nos oponemos a la sombra porque no queremos cambiar. Nos enamoramos de un dios o de una diosa porque es todo lo que siempre quisimos poseer.

154

FIGURA 14

Para los romanos, Marte representaba la fuerza masculina. Actualmente Marte asume la forma de Arnold Schwarzenegger o Sylvester Stallone. (*Mars.* Reimpresión de *Pictorial Archive of Decorative Renaissance Woodcuts.*)

155

En el caso de la sombra tenemos que identificar los rasgos que ésta representa y que nosotros necesitamos. En el del anima/animus tenemos que darnos cuenta de que no debemos mirar siempre hacia otra persona para que le dé sentido a nuestra vida. La sombra evoluciona hacia figuras más familiares hasta que ella y nosotros somos uno. La figura de anima/animus cuando evoluciona se convierte en alguien con quien podemos sentirnos cómodos de una manera humana.

PROYECCIONES DEL ANIMA/ANIMUS

Cuando es proyectada, el anima siempre tiene forma femenina, con unas características determinadas. Este descubrimiento empírico no significa que el arquetipo esté constituido de esta manera en sí mismo. La pareja masculino-femenino es sólo una de entre todos los posibles pares de opuestos, aunque ciertamente la más importante en la práctica y también la más común. Un arquetipo en su estado latente, sin proyectar, no tiene una forma exacta que se pueda determinar, sino que en sí mismo es una estructura indefinida que puede asumir formas definidas solamente cuando es proyectado.[8]

Trabajar con el anima/animus es mucho más difícil porque está situado a un nivel más profundo del inconsciente. Ya no estamos tratando sólo con nuestras propias cualidades personales, tanto conscientes como inconscientes. En lugar de ello, estamos haciéndolo con las relaciones arquetípicas entre hombres y mujeres, que forman una lente interior a través de la cual se observan todas las relaciones. Cuando los hombres y las mujeres se enamoran, es como una gran conmoción. Todas las reglas desaparecen y quedan poseídos totalmente por el enamorado. La vida solamente tiene sentido cuando están con esa persona, o por lo menos cuando piensan en ella. Esa persona es la perfección personificada, más allá de cualquier reproche o crítica.

---

8. Carl Jung, *Collected Works*, vol. 9, I, pág. 142.

Ya hemos aprendido suficiente sobre la naturaleza de la proyección cuando trabajábamos con la sombra, para darnos cuenta ahora de que las proyecciones revelan más sobre nosotros mismos que sobre la otra persona. Ninguna persona real es así de maravillosa, igual que ninguna persona real es tan malvada como las proyecciones de la sombra nos llevarían a pensar. Al igual que con la sombra, cuando nos enamoramos estamos proyectando nuestras cualidades interiores contrasexuales sobre alguien que posee un «gancho» adecuado.

Más adelante, cuando la relación avanza, los enamorados empiezan a ver a la persona real, en lugar de la proyección. ¡Ello frecuentemente es una sacudida suficiente como para terminar con la relación! Muchas personas nunca van más allá de eso en cualquier relación; simplemente se enamoran en serie, sin llegar a profundizar en su implicación con el sexo opuesto y, por tanto, sin llegar a reconocer jamás las partes contrasexuales de su propia personalidad. Todos hemos visto a personas que cometen las mismas equivocaciones letales en sus relaciones sexuales, sin llegar a aprender jamás de sus errores, sin llegar a reconocer la naturaleza repetitiva de sus asuntos amorosos.

Afortunadamente, la mayoría de nosotros aprendemos de nuestras experiencias. Los adolescentes conciertan citas para aprender sobre el sexo opuesto, y a través de esa experiencia, aprender sobre ellos mismos. Nuestros primeros amores pueden ser impulsados por una proyección sobre un gancho tan frágil que después no podemos ni imaginar qué es lo que vimos en esa persona. Hace algunos años, hablé con una joven inteligente sobre qué es lo que le gustaba de una cita con un chico. Uno de los requisitos era que el chico tuviera un coche rojo. Dijo que eso la excitaba. Y recalco que se trataba de una chica inteligente.

Recientemente leí un artículo de un periódico en el que una mujer periodista comentaba acerca de los cambios experimentados en su vida por haberse teñido el pelo de rubio. De repente, prácticamente todos los hombres reaccionaban ante ella de una manera muy sexual. Los hombres con los que ya había tenido una ligera relación de amistad o bien se sintieron sexualmente turbados o empezaron a coquetear. El cabello rubio era suficiente para ofrecer un gancho para sus proyecciones de anima.

> ... la proyección es un proceso inconsciente y automático mediante el cual un contenido inconsciente para el sujeto se transfiere a un objeto, así que parece pertecener a ese objeto. La proyección cesa en el momento en que se vuelve consciente, es decir, cuando se ve como perteneciente al sujeto.[9]

Al igual que con la sombra, tenemos que dejar de proyectar el anima/animus en las personas del mundo exterior, y en lugar de ello aceptar que esas características se encuentran en nuestro interior. Esto puede ser más difícil con el anima/animus que con la sombra. Cuando estamos proyectando la sombra sobre el mundo, inevitablemente entramos en conflicto, y ese conflicto es probable que a la larga nos fuerce a todos menos a los más testarudos de nosotros a algún tipo de examen de nuestros valores. La proyección del anima/animus, por contra, puede llevar a una vida donde seguimos persiguiendo un amor detrás de otro. Frecuentemente eso es literalmente una persona del sexo opuesto, pero también el «enamorado» podría ser una sucesión de sistemas de creencias, o hobbies, o...

Con un poco de suerte, al final empezamos a darnos cuenta de que los fracasos sucesivos de nuestras relaciones (tanto con una persona como con un sistema de creencias, etc.) son culpa nuestra, no del otro. Como ambos lados de la relación están igualmente involucrados, ambos son necesarios para que la relación funcione, pero sólo hace falta uno para destruirla. Tenemos que descubrir cómo resolver estos temas, tanto en la vida exterior como en la interior.

LA UNIÓN DE LOS OPUESTOS

> .... Históricamente encontramos el anima sobre todo en las parejas divinas, en los pares femenino-masculino de deidades. Éstas se remontan, por un lado, a la oscuridad de las mitologías primitivas y, por el otro, a las especulaciones filo-

---

9. Carl Jung, *Collected Works*, vol. 9, I, pág. 121.

sóficas del gnosticismo y de la filosofía clásica china, donde la pareja cosmogónica de conceptos se denomina *yang* (masculino) y *yin* (femenino). Podemos afirmar sin duda que estas parejas son tan universales como la existencia del hombre y de la mujer. De este hecho podemos concluir razonablemente que la imaginación del ser humano está limitada por este motivo, así que se vio básicamente obligado a proyectarlo repetidamente, en todas las épocas y en todos los lugares.[10]

Experimentamos la sombra como aquello que es totalmente diferente de nosotros, totalmente «otro.» Si reconocemos a la sombra, al final llegamos a descubrir que es, de hecho, una parte necesaria de la personalidad. Entonces llegamos a lo que he caracterizado como la etapa de sombra del anima/animus. Una vez más, nuestra experiencia inicial es de algo totalmente diferente de lo que creemos que somos. Entonces descubrimos que esas características que previamente considerábamos como pertenecientes exclusivamente al sexo opuesto, también nos pertenecen. En ambos casos, si miramos lo suficientemente de cerca, nos vemos a nosotros mismos mirándonos, como si fuera un espejo.

Cuando llegamos al anima/animus arquetípico, una vez más experimentamos algo opuesto a nosotros. Pero esta vez, al excavar más profundamente, no nos vemos a nosotros devolviéndonos la imagen; en lugar de ello encontramos a nuestro complemento, eso que necesitamos para ser enteros. Pensemos en todos los pares de opuestos con los que nos relacionamos todos los días: caliente/frío, activo/pasivo, duro/blando, pensamiento/sentimiento, sensación/intuición, agresivo/receptivo, etc. Cada uno de ellos viene definido por su opuesto: sin calor no existe nada que sea frío; sin frío, ¿qué significaría caliente? Cuando pensamos en cualquiera de esas cualidades siempre tenemos su opuesto en mente, consciente o inconscientemente.

10. Carl Jung, *Collected Works*, vol. 9, I, pág. 120.

Separar esos pares en grupos opuestos, y después referirnos a un grupo de características como femenino y al otro como masculino es, en el mejor de los casos, sólo una burda aproximación a la realidad que experimentamos. Al igual que todos los pares de opuestos, masculino y femenino son conceptos inseparables, y cada uno de ellos en gran parte define a su opuesto. El I Ching utiliza los términos yin y yang para presentar este concepto de pares opuestos, y aunque el yin se asocia más frecuentemente con lo femenino y el yang con lo masculino, en palabras de Cole Porter: «No es necesariamente así.»

Es significativo que la pareja yin/yang se represente como un círculo con una línea ondulada que lo divide por la mitad. Un lado es claro, el otro oscuro. Pero si miramos más atentamente, podemos ver un diminuto semicírculo oscuro en el lado claro, y un diminuto semicírculo claro en el lado oscuro. Y dentro de cada uno de ellos, veríamos el mismo proceso repetido, hasta el infinito. Esto simboliza la unidad que subyace tras la oposición y que es imprescindible para comprender el concepto oriental de yin y de yang (así como el de anima/animus).

> Aunque el hombre y la mujer se unan, a pesar de ello representan opuestos irreconciliables. [...] Este par primordial de opuestos simboliza todo par de opuestos concebible que pueda existir: caliente y frío, luz y oscuridad, norte y sur, seco y húmedo, bueno y malo, consciente e inconsciente.[11]

Si los hombres y las mujeres tienen roles bien definidos dentro de una cultura, también los tendrá el anima/animus en el inconsciente, lo que complementará esa unilateralidad, de una manera muy parecida a como la sombra complementa una autodefinición demasiado unilateral. Pero si miramos más de cerca, descubriremos que el anima contiene rasgos masculinos que a su vez la complementan.

---

11. Carl Jung, *The Collected Works*, vol. 12: *Psychology and Alchemy*, 1953, 1968, Princeton, Princeton University Press, pág. 192.

FIGURA 15

El anima dentro del animus. Nuestra psique está constituida por capas superpuestas. Al tratar con el anima o el animus, lo hacemos con toda una cadena de complejas relaciones entre pares de opuestos, como masculino y femenino. (Reimpresión de *1001 Spot Illustrations of the Lively Twenties.*)

Dentro de ese masculino existen más características femeninas que complementan al masculino, y así sucesivamente. Si pudiéramos seguir la cadena desde el consciente, cada vez más profundamente hacia el inconsciente, descubriríamos que hay pocas o ninguna característica masculina que no esté disponible para una mujer, o una experiencia femenina que no esté disponible para el hombre.

En otras palabras, el anima y el animus no se definen tanto por rasgos particulares, fijos para siempre, como por su naturaleza complementaria de la relación entre masculino y femenino. Experimentamos tanto el mundo físico como la psique a través de la lente interior de esa relación complementaria. A medida que esa relación cambia, también lo hace nuestra lente interior, es decir, el anima/animus evoluciona.

Por lo tanto, quizá podamos obtener un poco más de información del arquetipo del anima/animus examinando la evolución, en el tiempo, de las relaciones entre hombres y mujeres. Empecemos con el cambio más reciente y significativo en esa relación: el nacimiento del amor romántico.

LOS CABALLEROS Y LA LEYENDA DEL SANTO GRIAL

El concepto de amor romántico es bastante moderno: apareció por primera vez en el siglo XII con el tema de la caballería. Un punto central de ésta era una extraña y nueva variación de la relación entre

161

hombres y mujeres: el amor cortesano. Antes de la aparición de la caballería, el mundo no había desarrollado un concepto explícito de amor «puro» entre hombre y mujer que no estuviera contaminado por la sexualidad. Con la llegada de la caballería, los hombres de repente desarrollaron una visión idealizada de las mujeres, que quedaba perfectamente separada de la simple lujuria.

Según esta imagen idealizada, la mujer era considerada por el hombre como algo puro e inmaculado, y el hombre por la mujer como valiente e igualmente puro. Consideraban que esta relación iba más allá de la «mera» sexualidad. Lo que hacía que esta idea resultara tan increíble es que la mujer ya estaba casada con otro hombre y, por ello, estaba claro que era sexualmente activa (así que difícilmente «inmaculada»). Pero este hecho era ignorado totalmente por el hombre, una señal segura de que se estaba dando una proyección arquetípica. A su vez, la mujer proyectaba una nueva visión de su enamorado como un caballero virtuoso que vencería cualquier obstáculo («mataría a cualquier dragón») para proteger el honor de ella. Una vez más nos encontramos con un concepto totalmente asexual; el caballero incluso hacía voto de castidad (aunque éste se honraba más en la promesa que en la práctica).

El epítome de un caballero así fue Parsifal y su búsqueda del Grial. La leyenda del Santo Grial surgió por la misma época que la caballería y parece que no tiene ningún precedente arquetípico. De manera resumida, la leyenda empezó con un rey ya viejo, que había resultado herido en el muslo. El rey se puede considerar que representa una perspectiva masculina de la vida ya caducada. La herida en el muslo simboliza una herida en su naturaleza instintiva/sexual. Con el rey mortalmente enfermo, los asuntos de su reino se paralizan. Es decir, no puede existir más crecimiento hasta que se encuentre alguna solución al problema. Lo único que puede curar al rey es el Santo Grial; el cáliz que Jesús utilizó en la Última Cena para transmutar el vino en sangre. El Grial simboliza el elemento femenino del que el rey carece en su vida.

Sólo un caballero puro de pensamiento y obra puede encontrar el Grial. Es decir, sólo un hombre que sepa relacionarse con lo femenino, independientemente de su deseo sexual, puede encontrar el Grial.

FIGURA 16

La aparición del amor cortesano en la Europa del siglo XII fue la primera señal de una importante transición que se estaba iniciando en la psique. (Reimpresión de *Pictorial Archive of Decorative Renaissance Woodcuts.*)

Naturalmente, si existiera un hombre así, ya habría descubierto el Grial; es decir, ya habría encontrado en su interior el elemento femenino que falta. En cuyo caso, no habría necesidad de emprender ninguna búsqueda. Por lo tanto, el propósito real de la búsqueda es enfrentar al caballero con una serie de pruebas que gradualmente le irán despertando a la parte femenina de su auténtica naturaleza. Por

163

desgracia, en ninguna de las múltiples versiones de la leyenda del Grial el caballero triunfa por completo: la razón es que, en esa época, no existía ninguna manera de relacionarse completamente con lo femenino excepto a través de la sexualidad. Una nueva relación arquetípica estaba intentando emerger, pero era algo prematuro.

La historia trata de la búsqueda masculina del elemento femenino que falta, no de lo femenino buscando lo masculino, aunque ambas cosas son necesarias. Ello es debido a que el mundo en general siempre ha estado bajo el control de los hombres, con la perspectiva femenina restringida al rol subsidiario del hogar. Esto hizo que existieran muy pocas probabilidades de que lo masculino pudiera encontrar la parte femenina que le faltaba hasta el momento en que las mujeres pudieran expresarse a nivel de igualdad en el mundo.

EL ANIMA/ANIMUS EN LAS RELACIONES

Gradualmente, a lo largo de los siguientes ochocientos años, hubo una cierta integración de este nuevo aspecto del anima/animus, como se puede ver por el avance del estado de las mujeres. Donde una vez el matrimonio fue una relación económica, ahora, en los así llamados países desarrollados, se da por sentado que el amor es la razón principal del matrimonio. Ello está tan ampliamente aceptado que, cuando el amor se acaba, casi siempre se disuelve el matrimonio mediante el divorcio. Ésta es una actitud muy, muy reciente y se puede ver como un experimento sin precedentes en la evolución del anima/animus. Según este nuevo juego de reglas, los hombres y las mujeres se han visto forzados a encontrar compañeros que encajen al máximo con su personificación interior de la mujer o del hombre ideal. Las altas tasas de divorcio son indicación de que, la mayor parte de las veces, este intento no ha tenido éxito.

En nuestra exposición de la sombra ya vimos cómo las proyecciones iniciales son vagas y rudimentarias, lejos de la sombra concreta de una persona. Asimismo, las proyecciones iniciales del anima/animus son burdas y tienen poco que ver con la identidad contrasexual única que perseguimos.

164

Existe un impulso innato a integrar la sombra, cosa que no ocurre necesariamente con el anima/animus. Cuando ignoramos las cualidades de la sombra durante un tiempo suficiente, las proyectamos en el exterior. Y debido a que normalmente están conectadas con sentimientos negativos, ello lleva a conflictos con el mundo exterior. Como la mayoría de nosotros queremos evitar los conflictos, nos vemos forzados a llegar a algún grado de reconocimiento de nuestra sombra. Naturalmente, ello no es exactamente universal. Las proyecciones de sombra durante la guerra fría entre Estados Unidos y Rusia duraron cuarenta años. Todos hemos visto a personas que cada vez se vuelven más fanáticas con el tiempo, en lugar de menos. Pero la mayoría de personas gradualmente desarrolla cierto incremento de la tolerancia, que las lleva a un desarrollo de su propia personalidad.

La proyección del anima/animus es más compleja. Al igual que las proyecciones de la sombra, cuando la necesidad de una conexión con las propias cualidades contrasexuales es lo suficientemente fuerte, el anima o el animus es proyectado sobre una persona del sexo opuesto. Pero en este caso, es una atracción junto a unas cualidades deseables lo que proyectamos, en lugar de una repulsión junto con sentimientos negativos. En otras palabras, nos enamoramos. Enamorarse es un sentimiento maravillosamente placentero. Incluso el dolor agridulce que sentimos con el anhelo de un amor no correspondido es preferible al insulso estado mental en el que pasamos la mayor parte de la vida.

Por desgracia, cuando vemos salir a la persona real de detrás de la proyección, es mucho más fácil romper con ella y esperar a «enamorarnos» de nuevo que buscar un camino hacia una relación real.

Por otro lado, debido a que nos vemos atraídos hacia el enamorado, y nos encantan todas sus cualidades (aunque no nos demos cuenta de que esas cualidades son básicamente nuestras y no pertenecientes a la otra persona), logramos observar y relacionarnos con partes de nostros mismos que de otro modo no veríamos. La receptividad de una mujer hace que aparezca la fuerza de un hombre, y viceversa. Tanto hombres como mujeres aprenden lo maravilloso y liberador que es regresar a la naturaleza juguetona de la infancia una vez más con una pareja. Ambos aprenden lo relajante que resulta poder abandonar el control, aunque sólo sea durante el momento álgido del acto sexual. Cada uno de ellos aprende a respetar su cuerpo, porque el amante lo desea tanto.

FIGURA 17

El animus en el asiento del conductor. Cuando caemos víctima de los estados de ánimo o de las opiniones, no está de más recordar que ello suele ser debido a que el anima o el animus se han instalado en el asiento del conductor y nos dirigen. (Reimpresión de *Humorous Victorian Spot Illustrations*.)

Si la relación madura, se van revelando aspectos más profundos. Una mujer descubre las inseguridades que existen tras la dura fachada masculina y ama todavía más al hombre. El hombre descubre que una mujer aparentemente «débil» muchas veces es la más fuerte de los dos cuando surge una crisis real en sus vidas. Una mujer nota lo frágil que es la estructura de la realidad vista desde una perspectiva masculina, aparentemente «racional.»

Las mujeres golpean con frustración el muro de la indiferencia emocional del hombre. Los hombres golpean con frustración la retirada emocional de la mujer. Ambos tienen que aprender cómo contener esa frustración. Las mujeres descubren que un hombre no puede contener su enojo sin soltarlo con alguna acción física (por desgracia muchas veces pegando a la mujer). Al contrario, los hombres descubren la intensidad con la que puede arder el enojo de una mujer sin encontrar una salida física. Estos descubrimientos (y muchos más) suelen ser exclusivos de una relación entre hombre y mujer. A no ser que uno persevere en una relación, nunca se llegan a producir estos descubrimientos sobre el otro, y el hombre y la mujer se verán empobrecidos por no haberlos encontrado.

Anteriormente mencioné la idea de George Vallant de que la predicción más válida de una salud mental era la capacidad de mantener una relación a largo término. «No es que el divorcio sea peligroso ni malo, sino que amar a las personas durante un largo período de tiempo es bueno.» Ocurren dos cosas cuando amamos a alguien durante largo tiempo:

1) Llegamos a conocerle mejor; y

2) Nos conocemos mejor a nosotros mismos.

Es por esta razón por lo que dije que el desarrollo actual del amor entre los sexos ha sido un experimento sin precedentes. Durante milenios, la relación entre hombres y mujeres permaneció prácticamente sin cambio. Después de repente surgió algo nuevo en el mundo: ¡el amor romántico! Y todo cambió para siempre.

EL MUNDO FEMENINO VENIDERO

... La solemne proclamación de la Assumptio Mariae [nota del autor: la asunción de María, madre de Jesús] que hemos experimentado en nuestro tiempo es un ejemplo de cómo los símbolos se van desarrollando en distintas épocas. El motivo impulsor que había detrás no provino de las autoridades eclesiásticas, que habían dado pruebas claras de sus dudas al posponer la declaración durante casi cien años, sino de las masas católicas, que habían insistido cada vez con más vehemencia para que así fuera. Esta insistencia es, en el fondo, el impulso de un arquetipo para darse vida a sí mismo.[12]

Jung pensó que estaba oyendo los primeros sonidos de algo trascendental cuando la iglesia católica formalmente proclamó la asunción de María, la madre de Jesús, en 1950. (En la teología católica, la Asunción de María es la doctrina de que después de su muerte, María, igual que Jesús, ascendió al cielo en cuerpo y alma. Esto le otorga un estatus único, casi divino, ya que el catolicismo dice que el cuerpo y el alma se separan en el momento de la muerte, para volver a reunirse al final de los tiempos, en el Juicio Final.) Jung sentía que María aportaba el cuarto elemento, un elemento femenino, que completaba la trinidad de un Dios Padre, el Hijo y el Espíritu Santo, y formaba una cuaternidad, que Jung consideraba que representaba la totalidad. (Hablaremos más de cuaternidades y mandalas, símbolos interiores de totalidad, en el siguiente capítulo dedicado al Self.)

Para 1950, Jung ya había visto la caída de muchos de los valores masculinos que habían gobernado el mundo durante tanto tiempo. Nosotros, los que vivimos los últimos días del siglo XX, hemos visto prácticamente todas aquellas estructuras desmoronarse a nuestro alrededor: políticas, económicas, científicas, artísticas, culturales, religiosas, etc. Todas las estructuras «racionales» que se desarrollaron y nos sustentaron durante tantos siglos de repente se han vuelto inadecuadas para enfrentarse a la complejidad del mundo recientemente revelada.

En nuestra frustración con las antiguas costumbres, nos hemos vuelto hacia influencias culturales previamente ignoradas: filosofía

---

12. Carl Jung, *Collected Works*, vol. 9, II, pág. 142.

y misticismo oriental, valores y ceremonias de los indios americanos, por poner sólo dos ejemplos. También está el tema del movimiento de los Derechos Civiles. Ya no más dispuestas a ser tragadas por la cultura global, las minorías han empezado a insistir en retener sus identidades separadas. Pero quizá el más importante de todos estos nuevos elementos de cambio llegó cuando la «minoría mayoritaria» se subió al escenario: el movimiento feminista.

Actualmente vivimos en un período incipiente, cuando al parecer todo lo que sabemos es que no sabemos gran cosa de nada. Los valores tradicionales ya no nos sirven, pero tampoco sabemos todavía con qué sustituir esas convicciones caducadas. En ningún otro lugar queda ello mejor simbolizado que en las cambiantes relaciones entre hombres y mujeres. Para mí (y para muchos más) está claro que los valores femeninos están en los primeros estadios rudimentarios de convertirse en los valores dominantes. Aunque los hombres (y las mujeres que se sienten más cómodas con el gobierno masculino) están luchando encarnizadamente contra este cambio, los valores y las instituciones masculinas están retirándose gradualmente, igual que la lenta retirada de una edad glacial.

Vemos los restos de la visión masculina del mundo por todas partes. Si la visión femenina está representada de alguna manera, es sólo a través de la lente del anima masculina, que además es burda y poco desarrollada. No obstante, incluso esta aparición (por ejemplo, en el reconocimiento abierto de la pornografía) es una señal de que lo femenino está asomando. (No es que las mujeres fomenten la pornografía; más bien que la parte femenina de los hombres está emergiendo, tanto si los hombres lo quieren como si no.) No es probable que veamos toda la complejidad de los valores femeninos hasta que las mujeres ocupen lugares de poder y prestigio y, por desgracia, ello todavía no ha ocurrido.

No obstante, el anima está siendo proyectada sobre el mundo, y tanto hombres como mujeres están notando que el ajuste entre lo femenino según lo representado por el anima, y lo femenino representado por mujeres reales, claramente no es demasiado bueno. Igual que en la proyección mutua del anima/animus entre un hombre y una mujer individuales, esto lleva o bien a una profundización de la relación (con el correspondiente crecimiento para ambos), o

169

bien a que ésta se rompa, hasta que tenga lugar la siguiente proyección. Hasta ahora, en la proyección más amplia del anima sobre el mundo, hemos visto más del segundo que del primer caso, pero algunos hombres y mujeres están «profundizando la relación» entre lo masculino y lo femenino. E inevitablemente esto continuará.

Los hombres están al cargo en todas partes, y los valores masculinos predominan. Por lo tanto, por una vez tendrán que ser los hombres quienes se abran y acepten la semilla de lo nuevo, la tendrán que llevar en su interior, desarrollarla pacientemente y sufrir los dolores de parto que sean necesarios para dar a luz, en este caso, al nuevo mundo femenino. A su vez, las mujeres se encuentran en una posición igualmente atípica. Han plantado la semilla, y ahora están impacientes, esperando que tenga lugar el nacimiento.

Como es el femenino que faltaba lo que llegará a dominar el mundo futuro, es forzoso que los hombres hagan las paces con el anima. Las mujeres también tienen que reconciliarse con el animus de su interior. De otro modo, es posible que se contenten con un simple relevo del mando, con unos valores masculinos todavía dominantes, aunque los expresen las mujeres. Cuanto mejor comprendan las mujeres tanto los puntos fuertes como débiles de la cosmovisión masculina, más serán capaces de conducir satisfactoriamente el nuevo a su nacimiento.

Capítulo 7

EL SELF

El Self puede ser la personalidad más profunda del soñante, el proceso de desarrollo y el objetivo del proceso, todo envuelto en una sola entidad. Igualmente el Self trasciende todas las limitaciones de la moralidad personal, pero al mismo tiempo su ética posee una rectitud en algún nivel profundo que no se puede negar.

R. ROBERTSON

En el capítulo 5 definimos el Self brevemente como una plantilla interior de la persona que se supone que tenemos que ser. Como tal, siempre será un objetivo futuro, que no se acaba de alcanzar del todo. Pero es mucho más que eso. El Self es el «dios interior,» la aproximación psicológica más cercana a la divinidad, capaz de provocar la maravilla y el temor reverente que normalmente asociamos con los encuentros con lo divino. (Ya aludimos a esta cualidad numinosa del inconsciente colectivo en el capítulo 4 cuando hablábamos de la función inferior.) Por último, el Self también es la «función trascendente» que establece la totalidad y el orden dentro de la psique.

El Self se reviste de muchas formas personalizadas, yendo desde una forma animal, hasta la humana o divina. Pero también puede adoptar formas impersonales: un lago, una montaña, una rosa, un

171

árbol. Puede aparecer incluso como formas geométricas abstractas, llamadas mandalas, que discutiremos más adelante en este mismo capítulo. Está claro que el Self, tanto como fuente del proceso de individuación como su objetivo final, está más allá de una definición rígida. Empecemos por tratar de su aspecto numinoso como el «dios interior.»

EL DIOS DE NUESTRO INTERIOR

[La integración del anima/animus] nos lleva, por una ruta natural, de vuelta a... «algo» [que] nos resulta extraño pero al mismo tiempo muy cercano, que es totalmente nosotros pero que al mismo tiempo no podemos conocer del todo, un centro virtual de constitución tan misteriosa que puede reclamar cualquier cosa: parentesco con animales y dioses, con cristales y con estrellas, sin movernos a cuestionarlo, sin tan siquiera un ápice de desaprobación por nuestra parte. Este «algo» reclama todo eso y mucho más, y al no tener nada en las manos que se pudiera oponer con justicia a estas reclamaciones, con toda seguridad es más sabio escuchar a esta voz. Yo he denominado Self a este centro... También se podría llamar «el dios de nuestro interior.»[1]

Jung no estaba afirmando ni negando la existencia de un dios literal. Estaba describiendo una realidad psicológica, no una metafísica. Simplemente estaba presentando algo que había descubierto repetidamente en su trabajo con pacientes, en su propia vida y en sus estudios de mitología; es decir, que a una cierta profundidad de la psique se despiertan fuerzas numinosas que experimentamos como divinas.

---

1. Carl Jung, *Collected Works*, vol. 7, págs. 398-399.

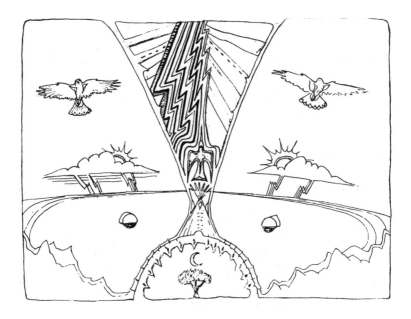

FIGURA 18

El Self emergente. Sólo podemos encontrar nuestro Self esencial buscando en las profundidades de nuestro interior. Cuando el Self emerge del inconsciente, suele ir
acompañado de «truenos y relámpagos» que rompen la simetría de nuestra conciencia anterior. (Dibujo de un paciente, 1981.)

Jung sintió que era una equivocación negar la experiencia psicológica sólo porque no encajaba convenientemente en un sistema de
creencias. Su postura abierta ante los fenómenos inusuales nunca se
tambaleó en toda su vida. Recordarán del capítulo 1 que, mientras
estaba en la universidad, Jung se asombraba al ver la resistencia de
sus compañeros de clase, que se negaban incluso a considerar la
posibilidad de que se pudieran dar los fenómenos paranormales.
Aunque descartaban esos temas con desprecio, para Jung su inquietud parecía contradecirse con su supuesta seguridad. Jung creía que
si las personas normales experimentaban fenómenos como el de los
fantasmas, entonces los fantasmas tenían que corresponder a algo

significativo de la psique, independientemente de la existencia o no existencia física de los fantasmas.

Asimismo, Jung no podía aceptar la insistencia de Freud de que, a todo coste, debía preservar el psicoanálisis contra el «negro fango del ocultismo.» Para Jung, toda experiencia humana era merecedora de una descripción, y cualquier modelo de realidad digno de este nombre tenía que incluir toda la experiencia humana, no solamente aquellas que encajaran en una teoría particular.

Debido a que presentó el Self como una realidad psicológica que igualaba el concepto de dios, Jung fue criticado por los seguidores religiosos así como por los materialistas. Los religiosos acusaban a Jung de intentar reducir a Dios a una función psicológica, mientras que los materialistas le acusaban de intentar sustituir la ciencia por la metafísica. Es difícil caminar por el filo de la navaja entre estos dos campos, pero Jung estaba dispuesto a hacerlo.

Aunque siempre negó categóricamente que su modelo tuviera alguna realidad metafísica, sí sostenía que si es que existe algún dios, la única manera de que éste se pueda experimentar sería a través de alguna función psicológica como el Self. En otras palabras, si no tenemos ya en nuestro interior alguna experiencia que corresponda con la divinidad, no podríamos aprehender en aboluto lo divino. Independientemente de que exista o no un dios literal, el hecho de que innatamente poseemos un arquetipo de lo numinoso indica que es un componente necesario de la totalidad psicológica.[2]

Al presentar este modelo de tres fases del proceso de individuación, Jung estaba intentando describir hechos observables. Al representar cada etapa en términos de una figura personalizada: 1) la sombra, 2) el anima/animus, y 3) el Self, estaba presentando «una descripción o definición abreviada de estos hechos.»[3] Esta personalización no era invención de Jung: la había observa-

---

2.   Carl Jung, *Collected Works*, vol. 7, pág. 402.
3.   Carl Jung, *Collected Works*, vol. 9, II, pág. 63.

do en sus propios sueños y en los de sus pacientes. La propia psique había escogido personalizarse.[4]

Una cosa es rechazar la realidad literal de una así llamada experiencia religiosa primitiva, pero otra bien distinta intentar despreciar la realidad psicológica de esa experiencia. Cualquiera que se encuentre con el Self invariablemente siente esa cualidad numinosa que acertadamente asociamos con la divinidad. Es tan imposible describir la experiencia del Self a alguien que no la ha tenido nunca como describir la experiencia del amor a alguien que no ha estado nunca enamorado.

El Self no está limitado por nuestras expectativas de moralidad, nuestras preocupaciones no son necesariamente las suyas. Este aspecto amoral, no humano, del Self con mucha frecuencia no es tenido en cuenta por las personas que hablan alegremente sobre su descubrimiento del Yo Superior, de su ángel de la guarda. Los verdaderos encuentros con el Self pueden resultar terroríficos e incomprensibles.

Éste era un tema que mantuvo ocupado a Jung durante toda su vida. Habló de él de manera muy extensa en uno de sus últimos ensayos, «La respuesta a Job.»[5] Jung examinó el comportamiento de Job

---

4. Carl Jung, *Collected Works*, vol. 13, pág. 61. Los lectores interesados deberían saber también que Jung siempre hizo todo cuanto pudo para indicar no sólo los puntos fuertes, sino también las limitaciones de este modelo, y para buscar otros. El segundo gran modelo junguiano de la psique surgió a través de su estudio de la alquimia. Descubrió que, debido a que los primeros alquimistas todavía eran psicológicamente inocentes, proyectaron sus procesos inconscientes en los experimentos alquímicos. Como estaban buscando lo inalcanzable (la piedra filosofal que curaría todas las enfermedades, convertiría el plomo en oro y otorgaría la inmortalidad al alquimista), no era posible que alcanzaran su objetivo final, igual que también es imposible llegar a integrar por completo el inconsciente en el consciente. De acuerdo con ello, sus relatos experimentales, minuciosamente descritos, se pueden interpretar psicológicamente como un modelo maravillosamente completo del proceso de desarrollo psicológico. Por desgracia, los detalles de su modelo alquímico van más allá del propósito de este libro.

5. Carl Jung, *The Collected Works*, vol. 11: *Psychology and Religion: West and East*, 1958, Princeton, Princeton University Press, págs. 553-758.

hacia Dios y el de Dios hacia Job y descubrió que Job aparecía como el ganador. Dios quedaba presentado como un tirano petulante e irracional, mientras que Job era tanto leal como considerado. Jung creía que la historia de Job marcaba un punto de inflexión de la conciencia, cuando Dios se vio forzado a reconocer en Job a su superior moral. Dios se vio forzado por primera vez a considerar la posibilidad de una auténtica relación con la humanidad, lo que a la larga llevaría a la aparición de Jesús, que era Dios y hombre en un solo ser.

Como es de suponer, ésta fue una opinión muy polémica, que le ganó a Jung muchos enemigos. Jung nunca fue capaz de hacer que sus críticos comprendieran que estaba hablando de una realidad psicológica, no de una metafísica. Para Jung, la Biblia era un registro de la concepción humana de la divinidad. Cuando hablaba del dios bíblico, Jung se refería al Self, «al dios interior.» Job representaba el estado de desarrollo consciente de la humanidad en un punto único de la historia: a partir de ese momento, consciente e inconsciente se vieron obligados a encontrar un punto de acercamiento.

Esta lucha sigue viva dentro de nuestras psiques individuales, y se ve reflejada en nuestros sueños. Cada uno de nosotros llega a un punto de la vida en que ya no es posible vivir de manera inconsciente. En nuestros intentos por ser conscientes, nos vemos forzados a un largo viaje que inevitablemente nos lleva, igual que Job, a un enfrentamiento con el Self. En ese momento nos vemos forzados a reconocer su aspecto inhumano, que en la historia de Job equivale a cuando Dios le dice que fue Él quien creó los monstruos Leviatán y Behemot. Ese momento de despertar es siempre una lucha heroica, y pocos poseen el valor de Job cuando se ven expuestos a la terrorífica energía del Self. Job nos revela la respuesta correcta ante ese poder inhumano: inclinar la cabeza y reconocer la fuerza superior, ¡pero sin renunciar a los propios valores! Jung tuvo una imagen similar en un sueño importante: arrodíllate, inclina la cabeza, pero no dejes que la frente llegue a tocar el suelo.

La experiencia del «dios interior» puede adoptar muchas formas diferentes, desde una creencia literal en que uno se ha encontrado con Jesús o con Buda, hasta el fervor igualmente religioso típico de los reformadores sociales, o incluso de científicos. Jung muchas veces indicaba que el celo de los científicos materialistas por descubrir los últimos secretos del universo es esencialmente una creencia religiosa no reconocida.

Un ejemplo serían los físicos subatómicos de hoy en día, que están convencidos de que están a punto de formular una «gran teoría de unificación» que explicará todo el universo de una vez por todas. Obviamente no existe una explicación final de estas características. La ciencia está basada en la naturaleza provisional de todas sus teorías; después de todo, las «leyes» científicas son sólo modelos que fueron eficaces para describir y predecir la conducta natural. Al final todas las leyes científicas o bien se ven superadas o resumidas dentro de modelos más amplios.

Es sensato ser consciente de la realidad psicológica del Self, y de que hay un arquetipo en marcha. La absoluta seguridad de nuestra experiencia interior puede que tenga poco o nada que ver con su verdad exterior. (Éste es un concepto que los fundamentalistas de todas las facciones deberían tener en cuenta con mayor frecuencia.)

MANDALAS

> Aunque la «totalidad» parece a primera vista no ser más que una idea abstracta (igual que anima/animus), no obstante es empírica en cuanto es anticipada por la psique en forma de símbolos espontáneos o autónomos. Éstos son los símbolos de cuaternidad o mandalas.[6]

El Self se presenta a sí mismo a la conciencia mediante una asombrosa variedad de formas. Ésta es una simple consecuencia del

---

6. Carl Jung, *Collected Works*, vol. 9, II, pág. 59.

hecho de que el Self está más alejado de la conciencia que la sombra y que el anima/animus. Todos los arquetipos se experimentan como símbolos verdaderos: un símbolo no puede ser reducido a una sola definición o a un simple signo; un símbolo está abierto a muchas interpretaciones. Pero a medida que nos internamos más profundamente en el inconsciente colectivo, un arquetipo se ve forzado a expresarse mediante una variedad cada vez más amplia de formas cuando se presenta ante la conciencia, para así conseguir hacer oír su mensaje. Y como el Self es el arquetipo supremo, es el más difícil de definir o comprender.

En nuestro modelo progresivo de individuación, donde la sombra representa al despreciado «otro,» y el anima/animus representa la relación, el Self suele representar la totalidad. En su forma más extremadamente abstracta, el Self asume la forma de figuras geométricas llamadas mandalas.

Mandala es una palabra sánscrita que significa círculo, y que se ha generalizado más para describir un tipo de arte religioso oriental estructurado alrededor de círculos contenidos dentro de cuadrados (o a veces de otros polígonos regulares), o viceversa. Muchas de las figuras religiosas realizadas con arena de los indios navajos americanos tienen una estructura similar, igual que otros numerosos símbolos religiosos de todas partes del mundo. En las tradiciones orientales, el mandala normalmente se utiliza como meditación y contemplación, con la intención de llevar al meditador de manera progresiva y más profunda hacia una unidad interior con la divinidad (de cualquier forma, abstracta o personificada, que esa divinidad adopte en las diversas culturas).

Jung se sentía fascinado por el hecho de que los mandalas aparecían con mucha frecuencia en los sueños de sus pacientes, casi siempre en momentos en que estaban intentando restablecer la unidad interior. Según la apreciación de Jung, el círculo era una representación de la totalidad final que sólo es posible en el Self; el cuadrado era un tipo de círculo inferior, y representaba la totalidad limitada posible para la conciencia del ego individual. Los mandalas, como combinación de círculo y cuadrado, reflejaban un intento de la psique por «cuadrar el círculo» y llevar la totalidad limitada posible para el individuo a una sincronía con el Self.

FIGURA 19

Las figuras simétricas llamadas mandalas suelen aparecer en los sueños o en dibujos espontáneos en épocas en las que se está restableciendo el orden en la psique. (Mandalas hechos en un período de dos semanas en el año 1980.)

Imaginemos un cuadrado de cuatro lados que se dobla y se convierte en un octógono regular, después en una figura regular de dieciséis lados, etc. Finalmente sería imposible para el ojo humano detectar la diferencia entre una figura de tantos lados y un círculo. Pero un microscopio lo suficientemente potente todavía podría decirnos que no se trataba de un círculo.

Igual que podríamos rastrear la progresión de un cuadrado que se va convirtiendo cada vez más en un círculo, a medida que el número de sus costados se dobla, es posible seguir la progresión de la conciencia hacia el Self observando la evolución de esos símbolos de totalidad en los sueños. Esto puede sonar increíble, sin embargo, Jung de hecho siguió el rastro de una progresión así de sueños, ¡no una vez, sino dos![7]

Más recientemente, Rhoda Kellog, que utiliza el arte como terapia, descubrió que los dibujos de los niños preescolares progresan a partir de los garabatos iniciales a las cruces, y después hasta las cruces dentro de círculos, que es una forma básica de mandala. Sus primeros intentos de dibujar la figura humana casi siempre suelen ser no los palitos que podríamos esperar, sino los círculos.[8]

Es importante comprender lo que significa totalidad en la psique. La mayoría de nosotros estamos acostumbrados a objetivos lineales: buscamos la perfección, no el ser totales o completos. Si conseguimos un 8 en un examen, intentamos llegar a un 8,5 la próxima vez, después a un 9, a un 9,5, a un 10. Cuando obtenemos un 10 y ya no podemos llegar más alto, nos buscamos otro objetivo. Nuestros objetivos morales son básicamente los mismos: negar la oscuridad y buscar la luz, ascender más alto en el camino de la perfección, etc. Pero, como descubrimos al estudiar la sombra, la luz no es suficiente; una personalidad bien acabada necesita también la oscuridad.

---

7. Carl Jung, «A Study in the Process of Individuation,» *Collected Works*, vol. 9, I, págs. 525-626; e «Individual Dream Symbolism in Relation to Alchemy,» *Collected Works*, vol. 12, págs. 44-331.
8. *Véase* Edward Edinger, *Ego and Archetype*, Baltimore, MD, Penguin Books, 1972, pág. 8, para detalles y reproducciones de los dibujos de los niños.

... de otro modo uno nunca alcanzaría ese grado medio de modestia que es esencial para el mantenimiento de un estado de equilibro. *No se trata, como se podría pensar, de relajar la propia moralidad, sino de hacer un esfuerzo moral hacia una dirección diferente.*[9]

«Un esfuerzo moral hacia un dirección diferente» –un extraño concepto para aquellos de nosotros educados con las verdades americanas, donde se supone que la moral es algo simple y directo, y dictado por una guía interior: nuestra conciencia. Por desgracia, esa supuesta conciencia no es más que la introyección de las voces de los padres y de otras autoridades que hemos oído a lo largo de nuestras vidas. La voz del Self es algo muy distinto; tiene una autoridad que trasciende esas voces de los padres personales. Y sus consejos no son para la perfección, sino para la totalidad.

LA FUNCIÓN TRASCENDENTE

Al explorar el camino de individuación, empezamos con el descubrimiento de Jung de que no existe un único camino apropiado para todas las personas, porque todas son de tipo psicológico diferente. Por ejemplo, el camino adecuado para un tipo sentimiento introvertido es muy diferente del adecuado para un tipo pensamiento extravertido. Son tan diferentes en la manera como enfocan la realidad, que sería criminal forzar a cualquiera de ellos a ser como el otro.

Descubrimos que, a medida que la vida avanza y las personas se vuelven demasiado rígidas en sus tipos personales, aparece la sombra. Es fascinante observar que la sombra no asume una única forma; los varios tipos psicológicos tienen sombras con características de personalidad muy diferentes, aunque todos al principio percibimos la sombra como algo repulsivo y terrorífico. Esta confección de la sombra a medida para que encaje en nuestras nece-

---

9. Carl Jung, *Collected Works*, vol. 9, II, pág. 47. La cursiva es mía.

sidades personales es indicativo de que existe una «función tras-cendente» que abarca tanto nuestra personalidad consciente como la sombra.

Piensen en lo extraño que ello es realmente. ¿Cómo es que en cada estadio de nuestro desarrollo el inconsciente es capaz de com-pensar adecuadamente nuestros extremos conscientes? Ello parece indicar que debe de existir alguna definición interior de cuál debe-ría ser nuestro yo ideal en cada momento de nuestro desarrollo. ¿De qué otra manera podemos explicar el hecho de que cuando estamos cerca de ese ideal, nuestros sueños se parecen mucho a nuestra rea-lidad exterior, y que cuando nos alejamos demasiado de ese ideal, nuestros sueños difieren mucho de nuestra realidad exterior?

Recordarán del capítulo 2 el descubrimiento de Konrad Lorenz del proceso de «grabación» en los animales. De manera resumida, éste dice que las conductas innatas (que Jung llamaba arquetipos y yo he denominado también invariantes cognitivas) eran detonadas por estí-mulos exteriores apropiados en momentos clave en el desarrollo del animal. Aunque utilicé el ejemplo de la cría de oca que «grababa» el arquetipo madre sobre Lorenz, existe una gran variedad de invarian-tes cognitivas que son grabadas durante el desarrollo del animal.

El famoso biólogo y psicólogo infantil Jean Piaget registró minu-ciosamente un proceso similar en el desarrollo de los niños. Varias capacidades son detonadas en el momento justo del desarrollo de un niño. Antes de ese momento, es inútil forzar al niño a una con-ducta para la que no está preparado, como enseñarle a ir al baño solo demasiado pronto. Un día el niño será incapaz de comprender un concepto, y después, al parecer de la noche a la mañana, ya no tendrá más problemas con ese mismo concepto.

El estudio de Jung del proceso de individuación, tal como se refleja en nuestros sueños, revela que se trata de un proceso exacto; en cada momento de nuestro desarrollo nuestra psique contiene un retrato de lo que podemos ser idealmente. Este yo ideal es el centro alrededor del cual giran tanto nuestro ego consciente como nuestra sombra inconsciente, en perfecto equilibrio. Cuando nuestra per-sonalidad consciente se aleja demasiado de ese ideal, se forma una figura de sombra compensatoria en el inconsciente. Cuando nues-tra personalidad consciente se acerca más a ese ideal, también lo hace la sombra; se vuelve menos malvada y odiada, más como nuestra personalidad consciente. Esta función trascendente literalmente trasciende tanto el consciente como el inconsciente.

No existe nada misterioso ni metafísico en el término «función trascendente.» Quiere decir una función psicológica comparable a su manera a una función matemática del mismo nombre, que es una función de números reales e imaginarios. La «función trascendente» psicológica surge de la unión de los contenidos conscientes e inconscientes.[10]

Espero que los lectores tengan paciencia si hablo brevemente de la historia matemática de las funciones trascendentes. Prometo que no dolerá y que aportará un poco de luz sobre el Self. Las funciones trascendentes de las matemáticas a las que Jung se refiere se llaman más habitualmente «números complejos.» Al resolver muchas ecuaciones, los matemáticos descubrieron que la raíz cuadrada de (-1) aparecía como parte de la respuesta. Al principio, estos resultados eran descartados sin más, puesto que ¿cómo podía tener algún número una raíz cuadrada negativa?[11]

No obstante, era tan útil fingir que esos números podían existir, que los matemáticos siguieron utilizándolos. Para indicar que realmente no creían que estos números pudieran existir, los llamaron imaginarios, y utilizaron el signo «i» para referirse a ellos. Entonces pudieron construir «números complejos» (o «funciones trascendentes» como Jung los llamó) utilizando combinaciones de números «reales» e «imaginarios» (por ejemplo, [3 – 5i]; [-6 + 2i], etc.)

Consiguientemente, a principios del siglo XIX, uno de los matemáticos más grandes de todos los tiempos, Karl Friedrich Gauss, concibió una interpretación geométrica que hacía los números imaginarios aceptables. Imagínense dos líneas en ángulo recto. Cualquier cosa que esté sobre la línea horizontal a la derecha de

---

10. Carl Jung, *Collected Works,* vol. 8, pág. 131.
11. La raíz cuadrada de un número es el número, que cuando se multiplica por sí mismo, da el número original. Por ejemplo, tanto +2 como −2 es la raíz cuadrada de +4, ya que (+2) por (+2) da +4, y (-2) por (-2) es igual a +4.

donde las dos se encuentran es un número positivo (+1, +2, +3, ...), cualquiera que esté a la izquierda es un número negativo (-1, -2, -3, ...). El punto donde las dos líneas se encuentran se llama «origen» y tiene el valor 0. Cualquier línea vertical por encima del origen es un número imaginario positivo (+i, +2i, +3i, ...), cualquiera por debajo del origen es un número imaginario negativo (-i, -2i, -3i, ...).

Cualquier punto del plano definido por las dos líneas se puede localizar en términos de lo alejado que esté hacia la derecha o la izquierda, y lo arriba o abajo que se encuentre. Por ejemplo, el punto 2 unidades de longitud a la derecha del origen y 2 por encima se puede definir de forma única por la coordenada (2, 2). Asimismo, (3, -6) sería un punto tres unidades a la derecha del origen y 6 por debajo. (3, -6) expresaría no solamente ese punto particular del plano, sino también la expresión matemática (+3, -6i). De repente, los problemas matemáticos que implicaban números complejos se podían describir sencillamente dibujando varias figuras geométricas sobre el plano.

Si esto suena exótico, no es más que el mismo sistema que utilizamos para determinar las direcciones de una ciudad grande, como «nº 524, calle 87 Este.» Las calles están dispuestas en ángulo recto unas con otras, y numeradas en ambas direcciones. La localización de cualquier casa se puede describir con dos números: el número que da nombre a la calle (calle 87 Este) y el número de la casa (524).[12]

Muy bien, no más matemáticas. Miremos sólo a esa historia matemática y veamos si aporta alguna luz sobre el concepto psicológico junguiano de la función trascendente. Al principio, cuando surgieron los números imaginarios como la solución de ecuaciones, los matemáticos los ignoraron como imposibles. Gradualmente empezaron a utilizarlos e incluso desarrollaron un sistema de símbolos para su uso, pero seguían condenándolos como «imaginarios.» Pero sin embargo estaban dispuestos a combinar los así llamados «números reales» y «números imaginarios» en «números complejos» (o «función trascen-

---

12. Le debo al analista junguiano J. Marvin Spiegelman la intuición de ver que los números complejos son una metáfora de la relación entre el ego y el Self.

dente» tal como los describió Jung). Finalmente, Gauss se dio cuenta de que los matemáticos se estaban restringiendo ellos mismos innecesariamente al limitar su marco de referencia a la línea de números positivos y negativos. Él amplió el campo de discusión hasta abarcar todo el plano, y los números complejos se convirtieron en simples descripciones de localizaciones sobre el plano.

Comparemos esto con el concepto del inconsciente colectivo. Al principio los psicólogos preferían ignorar esa posibilidad. A medida que los arquetipos colectivos empezaron a asomar en los sueños, muchos psicólogos empezaron a utilizar interpretaciones que dependían del conocimiento de historias arquetípicas como la mitología. Pero seguían insistiendo en que sólo estaban hablando de metáforas. Si algo como el Self parecía existir, algo que era una combinación de consciente (y por tanto real) e inconsciente (y por tanto imaginario), sólo podía tratarse de una metáfora. Jung sostuvo que ya era hora de reconocer la realidad de una función trascendente como ésa. Para hacerlo, precisamos ampliar nuestro marco de referencia, de un marco de conciencia lineal hasta el plano que abarque tanto el consciente como el inconsciente.

Ahora podemos pasar a hablar de algunas de las consideraciones prácticas para trabajar con el Self.

EL SELF EN LOS SUEÑOS

Hemos indicado cómo aparecen las imágenes de mandalas en los sueños en un momento en que la psique está intentando restablecer la totalidad. Muchos de ellos representan un intento de «cuadrar el círculo.» Asimismo, en esos momentos también surgen sueños que muestran combinaciones del número tres y del cuatro. Como ya mencioné anteriormente, Jung veía a la trinidad cristiana como una cuaternidad incompleta, porque le faltaba el elemento femenino. En un ciclo de sueños, los que contienen el número tres aparecen cuando el problema está justo empezando a emerger. Cuando el tema ha avanzado lo suficiente para que la psique esté dispuesta a sanarlo, esos treses dan paso a los cuatros.

185

Los mandalas a veces aparecen en un sueño directamente como figuras geométricas, como un cuadrado dentro de un círculo, un triángulo dentro de un cuadrado (o versiones más exóticas de estos temas). Pero es más frecuente que la imagen del mandala se encuentre en la estructura de la acción del sueño. Por ejemplo, un amigo me contó un sueño en el que estaba jugando a cartas, un juego en el que eran necesarias tres barajas. Él tenía tres ochos en la mano. (Cuando el 4 progresa hasta el 8, 16, 32, etc., ello indica que el tema también ha progresado; es decir, el 8 es una especie de súper 4 en sueños.)

La imagen de cuadrar el círculo puede adoptar la forma de un sueño en el que un grupo de personas se mueve en círculo dentro de una habitación cuadrada. En los sueños iniciales, la habitación muchas veces es un rectángulo exagerado que lentamente se va convirtiendo en cuadrado en sueños posteriores. Las personas se moverán alrededor de la habitación en la dirección de las agujas del reloj (hacia la derecha, hacia el lado del consciente) cuando un tema está emergiendo al consciente, y en dirección contraria (hacia la izquierda, el lado del inconsciente) cuando se aleja del consciente hacia el inconsciente.

Cuando se rçestablece la totalidad en la psique, suele aparecer un ejemplo espectacular de mandala en algún sueño, por ejemplo una isla circular, con una ciudad cuadrada en el medio. En medio de la ciudad aparecen más series de formas circulares y cuadradas, que culminan en un castillo o una iglesia, etc. Jung tuvo un sueño así en un punto crítico de su propio desarrollo, y este sueño le llevó a su comprensión del Self.

> ... No hace falta decir que el Self también tiene su simbolismo teromórfico. La más común de estas imágenes en los sueños de nuestra época, según mi experiencia, son el elefante, el caballo, el toro, el oso, pájaros blancos y negros, peces y serpientes. Ocasionalmente uno se encuentra con tortugas, caracoles, arañas y escarabajos. Los principales símbolos vegetales son la flor y el árbol. De los productos inorgánicos, los más habituales son la montaña y el lago.[13]

---

13. Carl Jung, *Collected Works*, vol. 9, II, pág. 356.

FIGURA 20

El Self como animal entre rejas. Debido a que muchas veces experimentamos el Self como algo inhumano y terrorífico, se suele representar en los sueños como un animal poderoso, como un león o un oso. Debido a nuestro miedo, tenemos que intentar mantener ese lado instintivo tan fuerte tras unos barrotes, escondido del consciente, pero finalmente siempre acaba por salir. (De *Don Quichotte de la Manche*. Reimpresión de *Doré's Spot Illustrations*.)

187

Los sueños teromórficos, en los que el Self reviste la forma de un animal, suelen ser sueños numinosos que dejan una sensación reverente en el soñante cuando despierta. Esta sensación numinosa excede con mucho el contenido aparente del sueño y es un indicativo de la poderosa fuerza arquetípica del símbolo. Estos sueños suelen señalar la aparición inicial del Self, de manera parecida a la aparición de la sombra como una criatura no humana. No obstante, la reacción del sueño ante los animales que representan el Self es de maravilla (o de maravilla mezclada con temor), en lugar de la revulsión que sentimos hacia la sombra no humana.

Cuando un animal exhibe un sentido de desapego, como si el mundo que habita tuviera poca o ninguna conexión con la humanidad, es una pista de que ese animal representa el Self. Los reptiles ejemplifican perfectamente esta cualidad de sangre fría. En nuestra anterior exposición del modelo triuno del cerebro de Paul MacLean, aprendimos que contenemos un cerebro reptiliano que experimenta la realidad de manera muy parecida a como lo hicieron los reptiles hace doscientos cincuenta millones de años. Eso es hace mucho tiempo, pero incluso entonces, la evolución de la vida ya había progresado desde hacía 200 o 300 mil millones de años. El Self refleja no sólo el corto período de la historia humana (que tendemos a confundir con la totalidad de la historia), sino también esos muchos millones de años anteriores.

Los reptiles, especialmente las serpientes, suelen aparecer en los sueños en momentos en que empieza un nuevo ciclo vital. Son un recordatorio de los aspectos gemelos del Self: fuerza instintiva y sabiduría. Una primera y prudente aproximación al Self es verlo como la unidad cuerpo/mente, especialmente si podemos considerar al cuerpo como algo más que una máquina. La autorregulación de la psique tiene mucha más afinidad con la autorregulación del cuerpo que con algún agente independiente que está sentado lejos de nosotros, vigilando todas nuestras acciones.

Pero tan pronto como empecemos a pensar que podemos limitar la psique a alguna reacción superhormonal, de repente nos sorprenderá con la profundidad de su conocimiento. Jung solía destacar que es sensato tratar al Self no tanto como un instinto y más como a un dios. Una vez más, Jung no estaba haciendo ningún juicio metafísico cuando decía eso; había observado que cuando nos acercamos al inconsciente de forma reverente, la vida fluye mejor.

Los animales, como imágenes del Self, muchas veces presiden las transformaciones en los sueños. El famoso relato de Kafka, *La metamorfosis*, en la que el protagonista despierta y se encuentra transformado en un escarabajo, es un ejemplo de una imagen onírica frecuente de transformación. Cuando hemos pasado por un importante cambio en la vida, especialmente cuando no somos conscientes de haberlo pasado, el mundo se vuelve tan extraño que la única imagen que tenemos de nosotros mismos es grotesca y deshumanizada, como el escarabajo de Kafka.

La montaña, el mar y el árbol son imágenes frecuentes del Self. Pero el Self también puede aparecer con formas más sencillas y menos exaltadas, como una flor (a menudo una rosa), un lago tranquilo, un sendero tortuoso. Jung estudió la imagen del árbol en los sueños y en los dibujos de sus pacientes, así como en la mitología, y publicó sus resultados en un extenso ensayo titulado «El árbol filosófico.»

> ... Si un mandala se puede describir como símbolo del Self visto como un corte transversal, entonces el árbol representaría una vista de perfil: el Self representado como proceso de crecimiento.[14]

El árbol es una imagen excepcionalmente adecuada del Self como un «proceso de crecimiento.» El tronco del árbol vive y crece en el mundo tal como lo conocemos (igual que todos nosotros). A partir de ese punto fijo, se extiende en las direcciones gemelas de la tierra y el cielo. Las raíces profundizan en la tierra, que simboliza la base instintiva de toda vida. (Desconectados de nuestros instintos perecemos igual que un árbol sin raíces.) Pero el árbol también necesita desarrollar ramas y hojas que asciendan hacia el cielo para absor-

---

14 Carl Jung, *Collected Works*, vol. 13, págs. 304-482.

ber la energía del sol. Ésta es la imagen perfecta de la necesidad humana de valores espirituales; sin una profunda y comprometida conexión con algo más grande que el ser humano, todos nos marchitamos y morimos.

El árbol es una metáfora tan buena que muchas veces aparece en los sueños en momentos clave de nuestro desarrollo. Por ejemplo, un paciente soñó que se encontraba en un parque lleno de árboles. Cuando miró más de cerca, vio que las raíces no solamente atravesaban la tierra, sino que también asomaban a través de ella en muchos lugares. Observó más de cerca todavía y se dio cuenta de que todos los árboles estaban conectados mediante un sistema único de raíces. Entonces lentamente empezó a comprender que el sistema de raíces se extendía por todo el planeta, hasta todos los árboles de todos los bosques: una maravillosa imagen de la interconexión de toda la vida.

Ya he mencionado que las imágenes animales del Self aparecen en momentos clave de transformación en nuestra vida. Dos de esos momentos ocurren cuando hemos 1) integrado la sombra y pasamos a trabajar con el anima/animus; y 2) más adelante, cuando hemos integrado la pareja y tenemos que tratar ahora directamente con el Self.

En cada punto es posible que tengamos sueños donde el momento de transición es reflejado por una clara transformación dentro del sueño, y es posible que aparezca alguna imagen del Self en esos sueños. Por ejemplo, en el momento en que integraba la sombra, un paciente soñó que estaba observando a alguien nadar en la playa. De repente otro hombre, que el soñante pensó era «el espía» (la sombra), corrió hacia el primer hombre, lo agarró y lo metió bajo el agua. Un minuto después, el nadador volvió a aparecer, él solo, pero el soñante sabía que en realidad se trataba del espía. En ese momento de comprensión, él, el nadador y el espía se convirtieron en uno solo. Entonces se vio a sí mismo nadando en una enorme piscina, con una hermosa mujer (el anima). En una orilla, mirándola, se encontraba el abuelo de la mujer, un hombre sabio y poderoso (el Self).

En un sueño de integración del anima, un hombre soñó con un hombre y una mujer (el anima) diminutos, de unos pocos centímetros de altura, que en el sueño parecían normales. Un enorme lagarto (el Self), de tamaño considerable, apareció en la habitación. El hombre se retiró, vigilante pero sin miedo. A la mujer le entró el pánico, corrió y se cayó al suelo. El lagarto llegó a donde ella estaba, se deshizo en una nube y se metió en su interior a través de la boca. En un momento, pareció que ella se transformaba de dentro hacia fuera, hasta que hubo de nuevo un lagarto, aunque con un aspecto ligeramente diferente al anterior. El hombre estaba demasiado lejos para acudir en ayuda de la mujer y lo observaba todo con cierto sentido de desapego.

Estos sueños de transformación parecen terroríficos para el consciente en estado de vigilia, pero poseen un sentido de adecuación durante el sueño, otro signo seguro de la presencia del Self.

LA PERSONALIDAD MANÁ

> ... una personalidad maná [es] un ser lleno de alguna cualidad oculta y embrujadora (maná), dotado de conocimiento y poderes mágicos.[15]

Una vez se ha integrado el anima/animus en la personalidad, aparece una figura de transición, que prefigura el Self y que, de hecho, es una versión inferior del Self. Jung la denominaba alternativamente «personalidad maná» y el «mago.»

Los melanesios utilizan la palabra maná para denotar una fuerza impersonal y sobrenatural que poseen las personas u objetos. Los antropólogos rápidamente se dieron cuenta de lo maravilloso que era este término general y empezaron a utilizar la palabra maná para describir una variedad de creencias similares de culturas tradicionales. Jung a su vez se lo apropió de los antropólogos. Tanto Jung

---

15. Carl Jung, *Collected Works*, vol.7, pág. 375.

como los antropólogos sin duda estarían de acuerdo en que el maná está en la mente del observador, no en el objeto mismo. No obstante, creo que la mayoría de antropólogos considerarían al maná como un derivado cultural; es decir, alguna persona o cosa sólo posee maná porque la gente de esa cultura está de acuerdo en que sí lo posee. Pero Jung opina lo contrario: él sostiene que una persona u objeto posee maná porque representa un arquetipo. A lo largo de su historia increíblemente dilatada, los arquetipos van acumulando maná sobre sí mismos.

En el capítulo 2 hablamos de cómo Jung llegó a su descubrimiento de los complejos en la psique. Como recordarán, descubrió que cuando destapaba las asociaciones personales con carga emocional que se congregaban en un complejo (como el complejo de madre o de padre, por ejemplo), en lugar de que se desactivara la energía, se llegaba a un núcleo impersonal y arquetípico que estaba aún más cargado emocionalmente. Al principio Jung utilizaba la palabra libido (el término freudiano para la energía sexual) para esta energía, pero la libido para Jung no se limitaba a la energía sexual. Más tarde utilizó la palabra maná para representar esta energía impersonal; frecuentemente sólo la llamaba energía. Yo utilizaré tanto maná como energía para el resto de este libro.

La comprensión clave es que los arquetipos poseen maná, y que este maná no tiene nada que ver con las conexiones personales emocionales con el arquetipo. Cuanto más profundamente nos internamos en el inconsciente colectivo, mayor el maná. Cuando empezamos el proceso de individuación y nos encontramos con la sombra, tenemos que luchar no sólo con los temas personales, sino también con el arquetipo colectivo del temido «otro» que está más allá de nuestros temores personales.

A medida que trabajamos con la sombra, nos damos cuenta de que nuestro enojo y aversión está realmente dirigido hacia nosotros mismos. Así que la venda de nuestras propias proyecciones se nos va cayendo de los ojos, descubrimos que poseemos esperanzas y deseos, capacidades y posibilidades que no estaban en la imagen previa que teníamos de nosotros mismos. Esa autoimagen ahora nos aprieta. Pero, aunque la sombra es una figura colectiva conocida en todas las culturas, todavía no hemos profundizado demasiado en el inconsciente colectivo. Cuando trabajamos con la sombra, la mayor parte de la lucha es con nuestro inconsciente personal.

En el caso del anima/animus nos enfrentamos en gran parte con la experiencia colectiva, aunque, inicialmente, tropezamos con el aspecto de sombra del anima/animus, que todavía es, básicamente, una lucha con el inconsciente personal. Entonces, incluso después de que lleguemos al aspecto arquetípico del anima/animus, gran parte del tiempo tratamos con las dificultades personales con las relaciones. Pero el auténtico poder del anima/animus procede de la experiencia colectiva de la humanidad al tratar con el problema de las relaciones, especialmente la relación entre hombre y mujer.

Nuestras luchas con la pareja anima/animus son más arduas que aquellas con la sombra porque la pareja nos lleva un paso más abajo en la profundidad del inconsciente colectivo. De acuerdo con ello, el anima/animus tiene mucha más energía que la sombra. El Self está aún más alejado de la conciencia y, por ello, es todavía más difícil de reconocer conscientemente como parte de nuestra psique individual, y posee mucha más energía.

En el caso de la sombra, decimos, «ése no soy yo,» y hacemos una mueca de desagrado. En el caso del anima/animus, decimos «ése no soy yo», pero es posible que estemos interesados (aunque sintamos quizá un cierto temor). En el caso del Self, decimos, «ése no soy yo», e inclinamos la cabeza, o salimos corriendo de miedo. El Self parece estar definitivamente más allá de la comprensión humana. Pero a pesar de ello también forma parte de nosotros; sin él seríamos algo menos que totalmente humanos.

Aquellos que tienen suficiente valentía y suerte para integrar el anima/animus «se tragan» un montón de energía colectiva que no les corresponde, y con el tiempo descubren que es totalmente indigestible. Cuando primero intentan digerirla, se hinchan y creen que se han convertido en los portadores de un conocimiento secreto muy superior al de los hombres y mujeres normales. En términos junguianos, han sufrido una «inflación,» están llenos de maná que no les pertenece.

Es importante que las personas que conscientemente caminan por el sendero de la individuación aprendan a reconocer cuándo están sufriendo una inflación. Las personas que traen figuras numinosas del inconsciente al consciente mediante la interpretación de sueños, la imaginación activa, etc., inevitablemente alternarán entre temporadas de inflación y de depresión. Es algo que no se puede evitar, de la misma manera que no podemos evitar mojarnos cuándo nos metemos en el mar. Tenemos que reconocer cuando sentimos que nos estamos hinchando, y entonces rebajar conscientemente la inflación, así como reconocer la depresión igualmente como algo no humano y volvernos a conectar con el mundo.

Lo importante es darnos cuenta de que la energía sobrehumana que sentimos no es nuestra, que pertenece a la historia colectiva de la humanidad y que está contenida en los arquetipos. Cada vez que nos sintamos poseídos por un arquetipo, seremos literalmente inhumanos, simples figuras bidimensionales diseñadas por los siglos para encajar en todas épocas y situaciones. Atrapados dentro de esa posesión, no existe el desarrollo ni el cambio.

Por desgracia, muchas personas nunca van más allá de la etapa de la personalidad maná. Se ponen la capa del mago o de la bruja, del gurú o del sabio, del hombre sabio o de la hechicera. O bien proyectan la imagen en otra persona y aceptan el rol, igualmente superficial, de discípulo del maestro. Ninguno de esos roles es probable que lleve a ningún resultado prometedor. Estos resultados dobles son especialmente probables en aquellas tradiciones espirituales que no tratan progresivamente con la sombra y el anima/animus, sino que intentan avanzar directamente hacia algún valor final: la luz, el nirvana, la unidad con Dios, etc.

Las luchas con la sombra y con la pareja ayudan a desarrollar la musculatura psíquica y moral, que nos ayudará a trabajar con la personalidad maná. Las personas que han integrado la sombra nunca olvidarán lo engañados que podemos llegar a estar acerca de nuestros pensamientos y deseos. Aquellas que hayan integrado el anima/animus nunca olvidarán lo engañados que podemos estar acerca de nuestros sentimientos y valores. La humildad que se va adquiriendo con esas experiencias es una poderosa armadura contra la inflación.

AUTORREALIZACIÓN

Una vez pasado el engaño de que somos la personalidad maná, nos vemos forzados a preguntarnos quiénes somos en realidad. Más que en ningún otro estadio del proceso de individuación, la cuestión de autodefinición se convierte en prioritaria. Nos vemos constantemente expuestos a una parte de nosotros mismos que representa lo mejor que podemos llegar a ser. Esta parte, de hecho, contiene posibilidades que exceden a nuestras limitaciones humanas. ¿Cómo podemos ajustar la persona que somos con la que podríamos ser?

Una y otra vez aparecen las tentaciones alternadas hacia la inflación o la depresión. ¿Cómo es posible contener la totalidad dentro de la psique humana? ¿Cómo podemos equilibrar extremos de pensamiento y sentimiento, espíritu e instinto? El psicólogo humanista Abraham Maslow aportó comprensión a esta cuestión con su concepto de la autorrealización. Maslow creía que los psicólogos pasaban demasiado tiempo estudiando a personas disfuncionales, así que empezó a estudiar a personas que habitualmente funcionaban a un nivel más elevado que la media. En sus encuestas solicitaba a las personas que escogieran figuras históricas que consideraran modelos excepcionales de lo que debería ser un ser humano, y les pedía que describieran por qué elegían a esas personas.

Al compilar sus encuestas, descubrió que había un amplio acuerdo entre un significativo número de figuras, como Beethoven, Thoreau, Abraham Lincoln, Albert Einstein. Aunque cada uno de ellos tenía su propia y marcada personalidad, Maslow descubrió que ciertas palabras se repetían frecuentemente para describirlos, tanto por parte de las personas encuestadas como de sus biógrafos, palabras como completo, integrado, justo, vivo, sencillo, hermoso, verdadero, etc. Y una característica esencial destacaba entre todas esas figuras: tanto sus motivaciones como sus recompensas parecían proceder básicamente de su interior (del Self, en términos junguianos). De acuerdo con ello, Maslow escogió el adecuado término autorrealizados para describirlas.

A estas figuras históricas, Maslow añadió algunas personas que él conocía lo suficientemente bien como para considerarlas merecedoras de figurar en la lista. Aunque puede que ninguna de ellas haya sido un Abraham Lincoln o un Albert Einstein, tenían una ventaja añadida para Maslow: podía pasarles una variedad de tests psicológicos para probar objetivamente sus rasgos de carácter. De nuevo surgieron las mismas características, de nuevo sus motivaciones provenían del interior, no de algún sistema de valores exterior. Cuando se les preguntaba por sus valores más profundos, utilizaban palabras como justicia, belleza, verdad, etc. Pero cuando Maslow ahondaba más y pedía que le dijeran qué querían decir con «justicia,» por ejemplo, descubrió que justicia para ellos significaba verdadero, bello, completo, etc. Asimismo, alguien cuyo valor máximo era la verdad, consideraba que la verdad era justa y hermosa, etc. En el nivel más profundo, todos tenían los mismos valores; simplemente escogían un aspecto de ese valor más profundo que reflejaba su personalidad individual.

Con un cuadro bien definido de las características de hombres y mujeres autorrealizados, Maslow enfocó entonces sus estudios hacia las personas normales en sus mejores momentos, momentos que él denominó «experiencias cumbre.» Una vez más, al describir cómo actuaron y se sintieron en esos momentos, las palabras escogidas fueron totalidad, belleza, verdad, etc.

Maslow sintió que había demostrado que la humanidad, en su mejor expresión, es autorrealizada, en lugar de estar motivada por valores y recompensas exteriores. Además, las personas autorrealizadas, aunque muy diferentes entre sí en cuanto a personalidad, eran más parecidas que otra cosa en su visión básica de la vida y en los valores que apreciaban. Las personas normales, que habitualmente no pueden alcanzar las alturas de esas personas autorrealizadas, también son capaces de exhibir características similares en sus mejores momentos.

Las ideas de Maslow tuvieron una enorme influencia en la psicología de los años sesenta. Aunque no fue el único que reaccionó en contra de la prevaleciente escuela de psicología conductista que dominaba la psicología americana de la época, fue la principal influencia para la creación de la psicología humanista (y más adelante de la psicología transpersonal). Como ya discutimos en el capítulo 2 al hablar de las ideas de Marshall McLuhan, convertirse en popular demasiado pronto puede ser una maldición. Actualmente Maslow no goza de tanto favor (aunque algo más que el propio McLuhan), y no se habla demasiado de su obra. Para muchos, sigue siendo una parte casi olvidada de los años sesenta, como el LSD y las revueltas estudiantiles.

Las conclusiones de Maslow no son menos importantes hoy en día de lo que fueron cuando estaba de moda, y encajan muy bien con los conceptos junguianos del proceso de individuación, y con la relación entre el ego y el Self. Quizá Maslow hizo demasiado hincapié en la luz y se olvidó de la oscuridad, quizá no logró apreciar lo suficiente las dificultades de la autorrealización. Beethoven, Thoreau, Lincoln y Einstein, por ejemplo, estuvieron todos ellos sujetos a intensos sentimientos de depresión a lo largo de su vida. Tal experiencia es común en aquellos que recorren un largo camino por el sendero de la individuación, porque descubren que siempre hay más oscuridad a la que enfrentarse.

Pero, independientemente de la oscuridad a la que se ven obligados a enfrentarse, Maslow descubrió que las personas autorrealizadas son más saludables y más capaces de afrontar tragedias que destrozarían a otras menos capaces. Como grupo sienten más profundamente, se apenan más, pero después son capaces de dejar su pesadumbre a un lado y seguir con su vida. Son personas que consiguen cosas a pesar de los obstáculos aparentemente insuperables. Por desgracia, Maslow no se dio cuenta de que la totalidad que le atraía de las personas autorrealizadas tiene su origen en la oscuridad. Este énfasis exagerado en la luz deja la obra de Maslow ante el peligro de presentar una visión ingenua de la realidad. Pero, a pesar de ello, nos prestó un gran servicio al recordarnos las posibilidades que todos poseemos.[16]

---

16. *Véase* Abraham Maslow, *Toward a Psychology of Being*, Nueva York, Van Nostrand Reinhold, 1968, y *Religion, Values and Peak Experiences*, Nueva York, Penguin Books, 1976, para detalles sobre sus estudios y teorías.

LA CREATIVIDAD Y EL SELF

... estamos con el alma suspendida entre formidables influencias del interior y del exterior, y de alguna manera tenemos que ser justos con todas ellas. Esto lo podemos hacer sólo después de haber medido nuestras capacidades individuales. Por lo tanto tenemos que pensar no tanto en términos de lo que «deberíamos» hacer como en términos de lo que podemos y debemos hacer.[17]

No existe ninguna manera de resumir el Self, ni de describir adecuadamente todos los desafíos que la vida nos presenta una vez hemos desarrollado una relación consciente con el Self. Aunque he presentado el camino de la individuación en este libro a través de las tres etapas separadas de la sombra, anima/animus y Self, sólo existe un proceso continuo: la relación entre el consciente y el Self. Nuestra lucha con la sombra es, después de todo, un intento hacia la trascendencia y la totalidad, aunque en un nivel bajo. No podemos empezar a ser uno con nuestra totalidad a menos que nos enfrentemos primero a quiénes somos y qué deseamos.

La etapa del anima/animus es de nuevo una búsqueda de la totalidad. ¿Cómo podemos alcanzarla si no estamos dispuestos a sentirnos desgarrados ante las opciones morales que se presentan ante cualquiera que quiera vivir de manera completa?

Cuando el Self empieza a hacer notar su presencia en nuestra vida, suele haber efectos secundarios inhabituales. Por ejemplo, no es anormal tener grandes oscilaciones emocionales: no sólo los balanceos entre inflación y depresión que ya hemos mencionado como algo básico, sino también estallidos de rabia o irrupciones de lágrimas que aparentemente no salen de ninguna parte. Muchas veces se da también alguna reacción física extrema: un ataque gripal, dolores musculares intensos, náuseas. También son frecuentes

---

17. Carl Jung, *Collected Works,* vol. 7, pág. 397.

los fenómenos parapsicológicos, desde intuiciones que casi siempre son acertadas hasta sueños premonitorios. Algunas personas se sienten muy atraídas por la naturaleza casi física de la energía que produce el Self. Además, la inflación del ego hará que muchos caigan en la trampa de convertirse en algún tipo de gurú cuando aparece el Self.[18]

Todo ello es consecuencia de los extremos de la energía, el maná, que se produce cuando se abre un canal al inconsciente colectivo a través del Self. Como ya vimos al hablar de la personalidad mana, hay que encontrar algún modo de canalizar esa energía antes de que nos veamos tentados de reclamarla como nuestra, o ser poseídos por ella y convertirnos en su peón. La humildad es un punto de partida necesario, pero no suficiente por sí misma. Una vez ha empezado, no hay manera de interrumpir la energía generada por el camino hacia el inconsciente colectivo que ha abierto el Self. En lugar de ello, tenemos que encontrar algún modo de utilizar esa energía de forma creativa.

Los aspectos que puede tomar esa creatividad son tan variados como las propias personas, pero cualquier forma de creatividad es, en su esencia, una transformación de la oscuridad en luz. Todo lo nuevo se origina en el inconsciente colectivo. No obstante, no es suficiente que le sirvamos como simples conductos, a pesar de lo popular que es actualmente la «canalización.» Aunque lo nuevo siempre se origina en el inconsciente, es la conciencia lo que le da forma. Desconectada del inconsciente, la conciencia es yerma e inmutable. Pero, si se le da rienda suelta, el inconsciente surge de los mismos símbolos que siempre ha utilizado a lo largo de los milenios. Es en la relación entre consciente e inconsciente que algo realmente nuevo y creativo aparece.

---

18. Todas estas reacciones han sido descritas en muchas tradiciones que tienen caminos explícitos para el desarrollo espiritual: hindú, budista, india americana, etc. Se las considera fenómenos de transición. Para una descripción detallada de estas reacciones en el marco de la tradición hindú de la energía kundalini, véase el relato de Gopi Krishna de su propia experiencia en Kundalini: *The Evolutionary Energy in Man*, Boston, Shambhala Publications, 1967.

Comprometida conscientemente con esa relación, la vida se convierte en una aventura, llena de desafíos. Llegados a este estadio del proceso de individuación ya no hay vuelta atrás. Y el reto es esencialmente siempre el mismo: justo cuando hemos conseguido cierto grado de totalidad en nuestra vida, el inconsciente nos presenta un nuevo desafío que desmonta totalmente nuestra visión de la realidad. Y como la nueva experiencia es intolerable, nos vemos forzados a encontrarle el sentido al nuevo y extraño mundo que tenemos delante. En palabras del psicólogo Rollo May:

> ...Podemos vivir sin un padre que nos acepte, pero no podemos vivir sin un mundo que tenga sentido para nosotros.[19]

Tenemos que comprometernos con el nuevo reto y gradualmente integrarlo en nuestra vida de una manera creativa. En cada ocasión el inconsciente nos ofrece más datos de los que el consciente puede comprender o aceptar. Después, una vez esos nuevos datos han sido integrados en nuestra vida, tienen que ser compartidos creativamente con los demás. Muchas veces el propio proceso de integración se consigue mejor si intentamos crear algo nuevo para los demás.

Si no existiera el inconsciente colectivo, el inconsciente no contendría nada más que recuerdos y deseos personales que hemos descuidado o reprimido. Se podría precisar valor para afrontar algunos de esos recuerdos y deseos, pero todo ello hubiera pasado por nuestro consciente en algún momento y sería susceptible de ser integrado. Pero si existe el inconsciente colectivo (y todo este libro ha sido un intento de ofrecer las razones por las cuales Jung consideraba que sí existía) la situación es muy diferente.

El material arquetípico tiene poco o nada que ver con nuestras vidas personales. Tiene un maná enorme porque ha estado guardado durante milenios, a través de la evolución progresiva no sólo de la humanidad, sino de la propia historia de la evolución, al completo.

---

19. Rollo May, *The Courage to Create*, Nueva York, W.W. Norton & Company, 1975, pág. 133.

Cuando ese material inconsciente se presenta ante el consciente, nos encontramos ante el siguiente dilema: 1) la energía que posee es tan fuerte que necesitamos desesperadamente descubrir una manera para contenerla; pero 2) no tenemos ningún recipiente a mano disponible en el consciente; no encaja con nuestro sistema de valores imperante. Como nos vemos enfrentados a un material del inconsciente colectivo, no tenemos recursos conscientes inmediatamente disponibles para estructurarlo.

Éste es el reto del proceso de individuación. De algún modo tenemos que descubrir alguna conexión personal con las imágenes, los sentimientos y comportamientos arquetípicos. Gradualmente tenemos que ir separando aquello que podemos relacionar con nuestra vida personal de aquello que pertenece a la historia. Aunque el proceso puede ser extremadamente difícil, también puede aportar grandes recompensas. La vida gana un sentido que, puesto que procede del interior, nunca se puede agotar.

Los descubrimientos fundamentales que ganamos con cada nueva etapa del proceso de individuación son simples –en retrospectiva. Pero a menos que nosotros mismos luchemos para abrirnos paso a través de cada etapa, esos descubrimientos no son más que sermones; es la lucha lo que les da a cada uno de ellos su repercusión individual. Recuerden que el mundo es muy, muy antiguo, y que la conciencia es muy, muy nueva. La conciencia todavía está lejos de poder aportar una lente adecuada a través de la cual poder ver la totalidad de la realidad.

En la etapa de la sombra aprendemos que ese «otro» despreciable somos realmente nosotros mismos. Una vez nos damos cuenta de que básicamente lo que estamos haciendo es mirar por un microscopio y vernos a nosotros mismos mirándonos, ya no es tan necesario criticar las diferencias. Esas diferencias se convierten en futuras posibilidades. Pero, después de habernos separado del mundo para poder aislar esa parte que realmente es nuestra, llega el momento de descubrir cómo es el resto del mundo.

En la etapa del anima/animus aprendemos que no estamos solos, que toda nuestra vida es relación. En cualquier momento de la vida estamos conectados a relaciones que nos conectan con otras relaciones, alcanzando finalmente a toda persona, todo animal, toda montaña, todo riachuelo. La maravillosa paradoja es que cada persona es el centro de esta asombrosa red de relaciones. Después de darnos cuenta de que es imposible estar realmente separados del mundo, tenemos que descubrir cómo podemos contener esa totalidad que es más que humana en nuestro interior.

Finalmente, con el Self aprendemos que la totalidad que buscamos es nuestra naturaleza esencial. La alienación que tantas veces sentimos, la escisión interna que nos causa tanta congoja, es creada por el consciente por miedo e ignorancia. El consciente todavía es inmaduro y piensa que debería poderlo contener todo, archivado en ordenados compartimentos. Cuando ve que no puede hacerlo, se asusta y construye muros aún más permanentes entre aquellas categorías. A veces llega a tener tanto miedo que se empareda a sí mismo y se niega a salir.

> Percibiendo el Self como algo irracional, como una existencia indefinible, como algo a lo cual el ego no está opuesto ni sujeto, sino simplemente unido, y alrededor del cual gira de manera muy parecida a como gira la tierra alrededor del sol, así es como llegamos al objetivo de la individuación.[20]
>
> El hombre no cambia con la muerte a su parte inmortal, sino que es mortal e inmortal incluso en vida, al ser tanto ego como Self.[21]

Gradualmente, a medida que nuestro temor del «dios interior» desaparece, a medida que nuestra arrogante usurpación de sus poderes y visiones se desvanece, se convierte en un espejo tanto de lo que somos en un momento determinado como de quienes podemos ser. Al principio, la distancia entre los dos parece intimidante. Pero paulatinamente llegamos a ver que el problema no es la distancia entre nuestra realidad y nuestras posibilidades, porque existe una parte más grande de nosotros que las puede contener a todas.

---

20. Carl Jung, *Collected Works*, vol. 7, pág. 405.
21. Carl Jung, *Collected Works*, vol. 5, pág. 384, fn 182.

EPÍLOGO

Cualquier intento de resumir la obra de Jung por necesidad tenía que ser o muy largo o muy esquemático. Al escribir esta introducción a la psicología junguiana, he tenido que tomar muchas decisiones difíciles sobre qué incluir y qué dejar fuera. Sin duda, la idea básica de la psicología junguiana es la existencia del inconsciente colectivo y de nuestra relación con él a lo largo del proceso de individuación, y he escogido estructurar este volumen introductorio alrededor del proceso de individuación. Al hacerlo, he aportado cierto material de fondo sobre la vida de Jung para que el lector pueda ver cómo llegó a unas conclusiones tan asombrosas.

Una de las cosas que al principio me atrajeron de la psicología junguiana fue que ésta conseguía la notable hazaña de salvar la brecha entre el mundo espiritual y el científico. Yo he intentado incluir ambos lados en este libro (además de aportar una cierta dosis de ayuda científica para respaldar la cosmovisión de Jung que no estaba disponible en el tiempo en que él vivió). Pero para poder mantener la brevedad de este libro, he tenido que recortar ambos hasta el punto donde sólo ha quedado una muestra de los intereses paralelos de Jung.

Concretamente en el mundo científico he tenido que ignorar el descubrimiento simultáneo de Jung con el físico Wolfgang Pauli de la naturaleza psicoide de la realidad,[1] que es que existe un mundo unitario subyacente tanto al más profundo nivel arquetípico de la psique como al más profundo nivel cuántico de la materia. Uno de los conceptos más significativos e influyentes de Jung, el de la sincronicidad, provenía de ese descubrimiento. Explicado brevemente, sincronicidad es el concepto de que existen conexiones acausales entre

---

1. Carl Jung; Wolfgang Pauli, *The Interpretation of Nature and the Psyche*, Nueva York, Bollingen Series, Pantheon Books, 1955.

las personas, lugares y objetos del mundo.[2] La sincronicidad (aunque bajo otros nombres) está siendo aceptada más ampliamente en la ciencia contemporánea, especialmente gracias al gran respaldo experimental que el teorema de Bell está recibiendo en física. El teorema de Bell indica que las partículas subatómicas permanecen conectadas de alguna forma acausal, aún cuando estén muy separadas en el espacio.

La sincronicidad y la naturaleza psicoide de la realidad también conectan muy de cerca con la hipótesis de Jung de que los números son el arquetipo del orden más primitivo, y por ello forman el puente entre el mundo interior y el exterior. La colega de Jung, Marie-Louise von Franz, ha ampliado este trabajo en su libro *Number and Time*.[3] Este tema es uno de mis favoritos.

Prácticamente no he tocado la detallada elaboración que Jung hizo de los arquetipos clave, como el del niño, el padre, la madre, el tramposo, el héroe, etc. Los psicólogos junguianos han escrito mucho sobre estos y otros arquetipos. El aspecto individual más importante de la psicología de Jung, que he tenido que eliminar de este libro, es su utilización de la alquimia como modelo para el proceso de individuación. Por desgracia, este tema es muy complejo. Tanto Marie-Louise von Frank como Edward Edinger han ampliado la obra de Jung a este respecto, pero hasta hoy nadie ha hecho una introducción de este valiosísimo material para un público general.

Existen muchos libros significativos sobre la psicología de Jung; no obstante, animo encarecidamente al lector a que lea a Jung directamente. Tiene una fama no merecida de ser de lectura difícil. Si utiliza este libro como un mapa de carreteras para la estructura y la dinámica del inconsciente colectivo, el lector se puede sentir libre de sumergirse en cualquiera de las obras de Jung, todas ellas disponibles en ediciones de calidad. También existen muchas ediciones de material junguiano sobre temas específicos: sueños, arquetipos clave, etc. Probablemente la mejor introducción a los escritos de Jung sea su autobiografía espiritual, *Memories, Dreams, Reflections*.[4] Espero que este libro le haya abierto los ojos para una visión muy diferente de la realidad, y que como mínimo le haya estimulado el apetito para explorar la psicología de Jung y su propio proceso de individuación.

---

2. *Acausal* simplemente significa no atribuible a una causa y efecto físicos.
3. Marie-Louise von Franz, *Number and Time*, Evanston, Illinois, Northwestern University Press, 1974.
4. C. Jung, *Memories, Dreams, Reflections*, NY, Pantheon Books, revisada, 1973.

BIBLIOGRAFÍA

BENNET, E.A. 1985, *Meetings with Jung*, Zürich. Daimon Verlag. El psicotera-
peuta inglés E.A. Bennet fue durante muchos años un amigo de Jung. Este
libro contiene los apuntes del diario de Bennet relativos a sus conversacio-
nes con Jung durante los últimos quince años de vida de éste.

BMB, 29 de marzo de 1982, Los Angeles: *Brain/Mind Bulletin*. Describe la
ampliación por parte del psiquiatra William Gray de la teoría del cerebro
triuno de Paul McLean.

BRO, HARMON, H., 1985, *Dreams in the Life of Prayer and Meditation: The
Approach of Edgar Cayce*, Virginia Beach, Va, Inner Vision. Repleto de
material práctico que resume la perspectiva de Edgar Cayce sobre el trabajo con los sueños, gran parte del cual encaja con la de Jung.

CAMPBELL, JOSEPH, 1990. *The Hero with a Thousand Faces* (ed. rev.), Princeton,
Bollingen Series, nº XVII, Princeton University Press. La mejor descripción original del proceso de individuación, relatado a través de los estadios
del «viaje del héroe.» Los lectores interesados también pueden encontrar
esta edición revisada en rústica.

CAMPBELL, JOSEPH (ed.), (1971), *The Portable Jung*, Nueva York, Penguin Books.
La mejor selección en un solo volumen de los escritos de Jung. Contiene
una valiosa cronología de los principales acontecimientos en la vida de
Jung.

DONN, LINDA, (1988), *Freud and Jung: Years of Friendship, Years of Loss*, Nueva
York, Charles Scribner's Sons. La mejor y más fiable descripción de la relación entre Freud y Jung.

EDINGER, EDWARD F., *Ego and Archetype*, (1972), Baltimore, Penguin Books. Uno de los pocos auténticos grandes libros junguianos escritos por otra persona que no sea Jung. Sigue el proceso de individuación mediante la observación de la dinámica de la relación entre el ego y el Self.

FERGUSON, MARILYN, 1973, *The Brain Revolution*, Nueva York, Taplinger Publishing Company. Contiene la maravillosa anécdota sobre la memoria dependiente del estado de la persona en una película de Charlie Chaplin.

FERGUSON, MARILYN, Coleman, Wim; Perrin, Pat, 1990, *PragMagic*, Nueva York, Pocket Books. Incluye apartados con resúmenes de trabajos muy recientes sobre el dormir y los sueños, así como la memoria.

FREUCHEN, PETER, 1961, *The Book of the Eskimos*, Cleveland, Ohio, The World Publishing Company. Una descripción totalmente fascinante de los esquimales hecha por un europeo favorablemente dispuesto que llegó a conocerlos y amarlos, en una época en que su cultura estaba justo empezando a ser dominada por Occidente.

GARDNER, HOWARD, 1985, *The Mind's New Science*, Nueva York, Basic Books. Una maravillosa síntesis de una amplia variedad de continuados descubrimientos científicos, que se han llegado a agrupar bajo el término general de "ciencia cognitiva".

GRANT, JOHN, (1984), *Dreamers: A Geography of Dreamland*, Londres, Grafton Books. Más útil por su amplia recopilación de sueños por categorías que por el análisis de los mismos.

HANNAH, BARBARA, (1976), *Jung: His Life and Work*, Nueva York, Capricorn Books, G.P. Putnam's Sons. Un conmovedor retrato de la vida de Jung escrito por una de sus discípulas más íntimas.

HARTMANN, ERNEST, (1988), «*Sleep*» En Armand M. Nicholi Jr., M.D. (comp.), *The New Harvard Guide to Psychiatry*, Nueva York, Beknap Press. Contiene alguna actualización de investigaciones realizadas sobre el dormir y los sueños.

HUMPHREY, NICHOLAS, (1984), *Consciousness Regained*, Oxford, Oxford University Press. En el capítulo 3 se discute la teoría de Humphrey acerca del propósito de los sueños.

JACOBI, JOLANDE; Hull, R.F.C. (comp.), (1973), C.G. *Jung: Psychological Reflections*, Princeton, Bollingen Series, Princeton University Press. Una excepcional colección de extractos breves de las obras completas de Jung, ordenada por temas.

JAFFE, ANIELA, (1984), *Jung's Last Years*, (ed. rev.), Dallas, Texas, Spring Publications. Aniela Jaffe fue la secretaria particular de Jung y la compañera de sus últimos años. Aquí tenemos una descripción de cómo en sus últimos días seguía siendo un hombre genial, pero también vemos al Jung irritable y al parecer no muy en paz consigo mismo.

JENKS, KATHLEEN, (1975), *Journey of a Dream Animal*, Nueva York, Julian Press. Un libro único, que registra la «búsqueda humana de la identidad personal» de una mujer a través de sus sueños. Debido a que pasó por este proceso ella sola, en lugar de estar en análisis, sus revelaciones son ganadas a pulso y personales. No puedo imaginar a nadie que trabaje con sueños que no pudiera aprender mucho de este libro.

JUNG, C.G., *Collected Works* (20 volúmenes), Princeton, Bollingen Series, Princeton University Press.

JUNG, C.G., (1933), *Modern Man in Search of a Soul*, Nueva York, Harvest. Una emocionante introducción a las ideas de Jung a través de una selección personal de sus ensayos.

JUNG, C.G., (1958), *The Undiscovered Self*, Nueva York, Mentor Books, New American Library. Una maravillosa introducción a Jung para el neófito, probablemente segundo en importancia sólo después de *Modern Man in Search of a Soul*.

JUNG, C.G, (1968), *Analytical Psychology: Its Theory and Practice*, Nueva York, Vintage Books. Contiene las conferencias dadas en la Tavistock Clinic en 1935. Probablemente el mejor resumen de las teorías de Jung, anterior a su descubrimiento del modelo alquímico de la psique.

JUNG, C.G, (1973), *Memories, Dreams, Reflections*, (ed. rev.), Nueva York, Pantheon Books. Un libro único: una autobiografía del progreso espiritual de Jung.

JUNG, C.G, 1973, (1984), *Dream Analysis: Notes of the Seminar given in 1928-1930*, Princeton, Bollingen Series, Princeton University Press. Otra valiosa fuente de información sobre el análisis de los sueños junguiano.

JUNG, C.G.; Pauli, W., (1955), *The Interpretation of Nature and the Psyche*, Nueva York, Bollingen Series, Pantheon Books. Contiene tanto la obra pionera de Jung *Synchronicity, An Acausal Connecting Principle* como *The Influence of Archetypal Ideas on the Scientific Theories of Kepler* de Pauli.

KRISHNA, GOPI, (1967), *Kundalini: The Evolutionary Energy in Man*, Boston, Shambhala Publications. Un relato personal del terrorífico poder que la energía kundalini liberó en Gopi Krishna.

KRONENBERGER, LOUIS, (ed.), (1947), *The Portable Johnson and Boswell*, Nueva York, Viking Press. Contiene extractos de *Life of Johnson*, de Boswell, incluyendo la supuesta refutación del obispo Berkeley por parte de Johnson.

LABERGE, STEPHEN, Ph.D., (1985), *Lucid Dreaming*, Nueva York, Ballantine Books. El primer libro sobre los sueños lúcidos, escrito por un pionero de su investigación.

LASZLO, VIOLET S. de, (1958), *Psyche and Symbol*, Garden City, Doubleday Anchor Books. Una excelente selección, en un solo volumen, de los escritos de Jung, que complementa la selección de Campbell en *The Portable Jung*.

LORENZ, KONRAD, (1952), *King Solomon's Ring*, Nueva York, Crowell. Un libro delicioso. Contiene la historia y fotografías de la cría de oca de Lorenz que «grabó» el arquetipo de la madre en Lorenz.

LOYE, DAVID, (1983), *The Sphinx and the Rainbow*, Nueva York, Bantam. Una descripción popular y sugestiva de casi todo lo que sabemos sobre el cerebro.

LUCE, GAY GAER; SEGAL, JULIUS, (1967), *Sleep*, Nueva York, Lancer Books. Aunque ya tiene dos décadas, sigue siendo el mejor libro en un solo volumen sobre la mayor parte de las investigaciones más importantes sobre sueños. El único tema que no trata es la investigación más reciente de los sueños lúcidos.

MARCHAND, PHILIP, (1989), *Marshall McLuhan: The Medium and the Messenger*, Nueva York, Ticknor & Fields. Una biografía extremadamente amena que sabe mostrar tanto el profeta como el charlatán en McLuhan.

MASLOW, ABRAHAM, (1968), *Toward a Psychology of Being*, Nueva York, Van Nostrand Reinhold. El libro más significativo de Maslow. Contiene la mayor parte de sus ideas clave sobre el tema de la autorrealización.

MASLOW, ABRAHAM, (1976), *Religion, Values and Peak-Experiences*, Nueva York, Penguin Books. Los estudios de Maslow sobre las experiencias cumbre y nadir.

MAY, ROLLO, (1975), *The Courage to Create*, Nueva York, W.W. Norton & Company. Igual que Jung, Rollo May considera la creatividad como el desafío final del proceso de individuación.

MCLUHAN, MARSHALL, (1962), *The Gutenberg Galaxy: The Making of Typographic Man*, Toronto, University of Toronto Press. El innovador libro de McLuhan, donde presenta por primera vez su teoría de que la invención de los tipos móviles de imprenta llevó a un cambio de la conciencia humana.

MCLUHAN, MARSHALL, (1964), *Understanding Media: The Extensions of Man*, Nueva York, Signet Books. El libro más importante de McLuhan. Igual que en toda su obra, su prácticamente total falta de organización normal hace que resulte de lectura tanto deliciosa como frustrante.

METZNER, RALPH, (1979), *Know Your Type*, Nueva York, Anchor. Recopilación extremadamente exhaustiva de prácticamente todo sistema tipológico importante que jamás fuera concebido.

OTTO, RUDOLF, (1950), *The Idea of the Holy*, Londres, Oxford University Press. Reedición en rústica, 1958. La obra más famosa de Otto, donde menciona por primera vez el concepto del aspecto «numinoso» de la realidad.

PRIBRAM, KARL, (1981), «The Brain.» En Alberto Villoldo y Ken Dychtwald (comp.), *Millennium: Glimpses into the 21st Century*, Los Angeles, J.P. Tarcher. El relato del propio Pribram sobre la investigación que le condujo a su descubrimiento del modelo holográfico del cerebro.

REED, HENRY (comp.), 1977-1979, *Sundance Community Dream Journal*, Virginia Beach, Va, A.R.E. Press. Uno de los diarios más fascinantes de todos los tiempos: un registro de un experimento continuado de una comunidad sobre la investigación de los sueños, siguiendo las pautas sugeridas por Edgar Cayce. El doctor Henry Reed organizó está obra y desarrolló muchas técnicas para tratar el tema de los sueños.

REED, HENRY, (1985), *Getting Help from your Dreams,* Virginia Beach, Va, Inner Vision. Uno de los auténticos pioneros de la investigación del sueño significativo comparte con nosotros muchas de sus técnicas para utilizar los sueños para ayudarnos a vivir nuestra vida de modo más significativo.

REESE, W.L., (1980), *Dictionary of Philosophy and Religion*, Atlantic Highlands, NJ, Humanities Press. Una enciclopedia de la fisolofía completísima y muy amena, en un solo volumen. Útil como fuente de referencia para muchos de los conceptos que aparecen en este libro.

ROBERTSON, ROBIN, (1987), *C.G. Jung and the Archetypes of the Collective Unconscious*, Nueva York, Peter Lang. Sigue la pista del concepto de los arquetipos del inconsciente colectivo, primero en la filosofía, hasta desembocar en la psicología de Jung, y después en las matemáticas, hasta la demostración de Kurt Gödel de que éstas son necesariamente incompletas.

ROBERTSON, ROBIN, (1990), *After the End of Time: Revelation and the Growth of Consciousness*, Virgina Beach, Va, Inner Vision. Examina el Libro del Apocalipsis de la Biblia como si fuera un gran sueño sobre una transición de la conciencia. Desarrolla muchos temas que sólo se apuntan en el presente libro.

ROSE, STEVEN, (1976), *The Conscious Brain*, Nueva York, Vintage Books. Especialmente bueno al destacar la necesidad de trascender el dualismo cerebro/mente.

ROSENFIELD, ISRAEL, (1988), *The Invention of Memory*, Nueva York, Basic Books. Expone la teoría del inmunólogo Gerald Edelman, galardonado con el premio Nobel, del «darwinismo neural.» Esta teoría presenta la memoria como una actividad creativa.

ROSSI, ERNEST LAWRENCE, (1980), As Above, So Below: The Holographic Mind. *Psychological Perspectives,* otoño 1990. Describe la teoría de Pribram de la mente holográfica y la relaciona tanto con el misticismo como con la psicología junguiana.

ROSSI, ERNEST LAWRENCE, (1985), *Dreams and the Growth of Personality*, Nueva York, Brunner/Mazel. Combina las más recientes investigaciones sobre sueños con experiencias prácticas de un único paciente desde una perspectiva junguiana. Lleno de revelaciones sobre el proceso del sueño. Lo recomiendo encarecidamente.

ROSSI, ERNEST LAWRENCE, (1986), *The Psychobiology of Mind-Body Healing*, Nueva York, W.W. Norton & Company. Contiene un capítulo sobre el aprendizaje y la memoria dependiendo del estado de la persona.

RUSSELL, PETER, (1979), *The Brain Book*, Nueva York, Hawthorn Books. Un excelente y popular sumario del conocimiento más reciente sobre el cerebro.

RUSSO, RICHARD A. (comp.), (1987), *Dreams are Wiser than Men*, Berkeley, North Atlantic Books. Una maravillosa colección de ensayos, poemas y anécdotas acerca de los sueños.

SAGAN, CARL, (1977), *The Dragons of Eden: Speculations of the Evolution of Human Intelligence*, Nueva York, Ballantine Books. Describe el modelo del cerebro triuno del científico Paul MacLean.

SANDFORD, JOHN, A., (1991), *Soul Journey: A Jungian Analyst Looks at Reincarnation*, Nueva York, Crossroad Publishing Company. El mejor libro escrito por un estudioso sobre el tema de la reencarnación. Contiene una maravillosa historia del concepto religioso del alma.

SHARP, DARYL, (1991), *Jung Lexicon: A Primer of Terms & Concepts*, Toronto, Inner City Books. De utilidad para los que empiezan con Jung, especialmente porque las definiciones se complementan con citas del propio Jung.

SHELDRAKE, RUPERT, (1981), *A New Science of Life: The Hypothesis of Formative Causation*, Los Angeles, J.P. Tarcher. Utiliza datos de la psicología conductista para corroborar el concepto de campos morfogenéticos, que se acercan mucho a los arquetipos junguianos.

SHELDRAKE, RUPERT, (1987), «Mind, Memory and Archetype» en *Psychological Perspectives*, primavera 1987, Los Angeles, C.G. Jung Institute. Argumenta el concepto de que la memoria no se encuentra localizada en el cerebro.

SNOW, C.P., (1968), *The Sleep of Reason*, Nueva York, Charles Schribner's Sons. Una de las novelas de la serie en once volúmenes «Strangers and Brothers.» Habla del juicio de dos mujeres que torturaron a un niño a sangre fría.

STERN, PAUL J., (1976), *C.G. Jung: The Haunted Prophet*, Nueva York, George Braziller. Biografía hostil de Jung. Se debería leer con precaución.

STILLINGER, JACK, (comp.), 1965, *William Wordsworth: Selected Poems and Prefaces*, Boston, Houghton Mifflin Company. Además de *Tintern Abbey*, que cito en el presente libro, los lectores deberían examinar la obra maestra de Wordsworth, la epopeya *The Prelude*.

STORR, ANTHONY, (1983), *The Essential Jung*, Princeton, NJ, Princeton University Press. Una recopilación más reciente, en un solo volumen, de extractos de los escritos de Jung, que algunos prefieren al pionero *The Portable Jung* de Joseph Campbell.

VALLANT, GEORGE E., (1977), *Adaptation to Life: How the Best and the Brightest Came of Age*, Boston, Little, Brown & Company. Un inteligente y bien redactado sumario de los resultados del estudio de Grant.

VON FRANZ, MARIE-LOUISE, (1974), *Number and Time*, Evanston, Illinois, Northwestern University Press. Desarrolla una de las últimas hipótesis de Jung: que el número es el arquetipo más primitivo del orden.

VON FRANZ, MARIE-LOUISE, (1975), *C.G. Jung: His Myth in Our Time*, Nueva York, C.G. Jung Foundation for Analytical Psychology, G.P. Putnam's Son. Una biografía tanto de la vida como del desarrollo psíquico de Jung; como tal, es un compañero ideal para el propio *Memories, Dreams, Reflections* de Jung.

VON FRANZ, MARIE-LOUISE; Hillman, James, (1971), *Jung's Typology*, Dallas, Texas, Spring Publications. Un tesoro de informaciones sobre la teoría junguiana de los tipos psicológicos. Contiene tanto *The Inferior Function* de Von Franz como *The Feeling Function* de Hillman.

WATSON, PETER, (1982), *Twins: An Uncanny Relationship?*, Nueva York, Viking Press. Los relatos de Watson de las correspondencias en las vidas de gemelos, separados a una edad temprana, aportan una importante corroboración del concepto junguiano de la base arquetípica del proceso de individuación.

WEHR, GERHARD, (1987), *Jung: A Biography*, Boston, Shambhala Publications. Una biografía de Jung masiva, escrita sin mucha habilidad, pero que contiene material de fondo muy útil que no se encuentra en ninguna otra parte.

WHITMONT, EDWARD C., (1969), *The Symbolic Quest*, Princeton, NJ, Princeton University Press. La introducción estándar al pensamiento de Jung, escrita desde un nivel más técnico que el libro que tiene ahora en las manos.

WILHELM, RICHARD (trad.), (1962), *The Secret of the Golden Flower*, Nueva York, Harvest. Traducción de un antiguo texto alquímico chino. Contiene un prólogo y un comentario de Jung, en el cual explica cómo éste fue el primer libro que le llevó a comprender el sustrato alquímico de la psique.

ÍNDICE ANALÍTICO

ÍNDICE GENERAL